Y0-BGF-427

「图解版」

干法

[日] 稻盛和夫 著　曹岫云 译

図解 働き方

机械工业出版社
China Machine Press

图书在版编目（CIP）数据

干法（图解版）/（日）稻盛和夫著；曹岫云译．—北京：机械工业出版社，2018.6

ISBN 978-7-111-59953-1

I. 干… II. ①稻… ②曹… III. 工作方法–通俗读物 IV. B026-49

中国版本图书馆 CIP 数据核字 (2018) 第 086871 号

本书版权登记号：图字 01-2018-1086

干法（图解版）

出版发行：机械工业出版社（北京市西城区百万庄大街 22 号 邮政编码：100037）
责任编辑：冯小妹
责任校对：李秋荣
印　　刷：北京文昌阁彩色印刷有限责任公司
版　　次：2018 年 6 月第 1 版第 1 次印刷
开　　本：147mm×210mm　1/32
印　　张：4.5
书　　号：ISBN 978-7-111-59953-1
定　　价：49.00 元

凡购本书，如有缺页、倒页、脱页，由本社发行部调换
客服热线：(010) 68995261　88361066　　　　投稿热线：(010) 88379007
购书热线：(010) 68326294　88379649　68995259　　读者信箱：hzjg@hzbook.com

版权所有·侵权必究
封底无防伪标均为盗版　本书法律顾问：北京大成律师事务所　韩光 / 邹晓东

热爱的力量

曹岫云　稻盛和夫（北京）管理顾问有限公司董事长

稻盛和夫是一位传奇人物。他本是一位科学家，25岁时在精密陶瓷领域内就有划时代的发明创造。但他出名却是作为企业家，稻盛 27 岁时开始创业，赤手空拳 40 年间创建了京瓷和 KDDI 两家世界 500 强企业。然而，我认为稻盛先生本质上是哲学家，而且是一位彻底追求正确思考和正确行动的哲学家。科学家、企业家、哲学家，一身而三任，这在人类历史上是空前的，在当今世界上是唯一的。

稻盛先生 65 岁从经营第一线引退后，将心血倾注于"盛和塾"及"京都奖"等公益活动上。13 年后的 2010 年 2 月 1 日，在日本政府再三恳请之下，稻盛先生以 78 岁高龄毅然出任破产重建的日本航空公司董事长，仅仅一年就让日航起死回生，并创造了日航 60 年历史上最高的利润，这个利润还是当年全世界727家航空企业中的最高利润。

传奇人物的身上又增添了一笔浓重的传奇色彩。

然而，让稻盛先生成为传奇人物的稻盛哲学却没有任何神秘的色彩。这种哲学十分朴实，用稻盛先生自己的话来说甚至有点"幼稚"。这种哲学，每位企业家，甚至每个人都能掌握，都能实践。当你读完本书后，我相信你自己就能得出上述结论。

读本书时，我有一种发自灵魂深处的强烈感动，为了与读者分享这种感动，我不仅翻译了这本书，而且觉得应该借此书中文版出版的机会，将我读此书、译此书时心灵上所受的冲击，以及我自己的感悟和实践告诉读者。

从字面（"干法"）上讲，本书似乎是讲述有效工作的方法，但其实这本书的重点，并不是讲具体的工作方法，而是论述位于工作方法前面的问题。它着重阐述人生观中的"劳动观""工作观"，而这个问题具有重大而深刻的现实意义。

热爱导致成功

你想获得事业的成功和人生的幸福吗？如果你想这样，稻盛先生告诉你，这很简单，但前提是你必须热爱自己的工作。稻盛先生也常常用"喜欢""迷恋"这类词语来表达"热爱"的意思。

如果你不喜欢、不热爱你当前的工作，那么在多数情况下，你得马上改变你的心态，哪怕是强迫自己改变。

如果你热爱自己的工作，你就会全身心投入。如果你全身心投入，就会产生良好的工作结果，你这种工作态度和工作结果不但能获得周围人的肯定，而且会让你从内心感到满足并产生自信。而这又会成为动力，激励你更努力地投入工作……这样的良性循环，不仅是成功的必要条件，从某种意义上讲，它甚至就是成功的充分条件。因为这种良性循环可以改变你的命运。

这就是稻盛先生最重要的人生经验之一。转变自己的心态，从不喜欢自己的工作到喜欢、热爱乃至迷恋自己的工作，稻盛的命运就从这里开始发生了戏剧性的变化。

热爱燃起激情

我很幸运，2001 年 10 月 28 日这一天，我在天津第一次见到了稻盛和夫先生，从此与稻盛和稻盛哲学结下了不解之缘。

当时我自己已经有了多年经营企业的经验，但在经营和人生中有许多困惑。在接触稻盛和稻盛哲学的一瞬间，我有一种豁然开朗的感觉，"众里寻他千百度，蓦然回首，那人却在灯火阑珊处"。我觉得稻盛先生将人生和经营的基本问题都讲清楚了，讲透彻了，而且他做出来了，做得近乎完美。在现实世界中，我还从未见过像稻盛这样纯粹而且思想深刻的人。凭直觉，我感到稻盛先生可以成为自己的精神导师，稻盛哲学就是我一直寻找的人生真理。

同年 12 月我专程拜访了位于京都的京瓷公司，购买了稻盛先生的全部著作，订购了自创刊以来所有的《盛和塾》杂志。

我在天津会议上发表的论文《百术不如一诚》，在天津会议后写给稻盛先生的信《解读稻盛成功方程式》，以及 2004 年寄给稻盛先生的《关于实事求是：读稻盛先生〈企业人所见中国之现状〉及〈中共中央党校讲演要录〉有感》等文章，受到稻盛先生的称赞，并在日本《盛和塾》杂志上陆续刊载。

我多次赴日本参加日本"盛和塾"全国大会（后称世界大会）和塾长例会，并有机会经常向稻盛先生当面请教。2006 年我所著的《稻盛和夫成功方程式》一书在中国出版后，又被译成日文，经稻盛先生亲自推荐，在日本出版并畅销。在 2007 年 3 月 30 日中文版《京瓷报》上，稻盛先生评价此书道："正因为是透彻理解京瓷哲学的非京瓷人所著，所以很值得参考。"

2007 年我与无锡许多志同道合的企业家一起筹建了中国首家"盛和塾"——"无锡市盛和企业经营哲学研究会"。同年 7 月 2 日，稻盛先生率领日本盛和塾 120 位企业家来无锡举办开讲式。

2008 年 2 月，为了配合胡锦涛主席访问日本，中央电视台《对话》栏目，准备制作专题节目"中国制造和日本制造"，他们希望邀请稻盛先生作为日方主嘉宾参加节目的录制。受该栏目导演的委托，我出面邀请稻盛先生获得成功。2009 年 4 月受有关方面的委托，我又赴日本，当面邀请并说服稻盛先生于 6 月 9 日到清华大学、6 月 10 日到北京大学、11 月 2 日到"中外管理第 18 届官产学恳谈会"上发表讲演，均获成功。

近年来，我翻译了稻盛先生的著作《你的梦想一定能实现》《干法》《活法》《敬天爱人》《坚守底线》《心法：稻盛和夫的哲学》《燃烧的斗魂》《稻盛和夫的实学》《阿米巴经营》《成功激情》《调动员工积极性的七个关键》以及稻盛先生与梅原先生合著的《拯救人类的哲学》共 12

本书，编译了《在萧条中飞跃的大智慧》《六项精进》《经营十二条》《经营为什么需要哲学》《心灵管理》《领导者的资质》《稻盛和夫语录 100 条》7 本书，审译了《活法叁：人生的王道》，并为各书写了推荐序言。同时，这7 年来，我还翻译了稻盛来华以及每年在盛和塾世界大会上的全部讲演文稿。应出版社要求，我夜以继日，只花了 3 个星期就写出了《稻盛和夫记》——稻盛和夫 60个哲理故事，初版 2 万册当即被当当网一家买断。

2010 年，由稻盛先生亲自提议的稻盛和夫（北京）管理顾问有限公司正式成立，我担任董事长。由于公司干部员工齐心协力，加上全国"稻盛迷"的全力配合，我们成功召开了稻盛和夫经营哲学北京报告会，以及青岛、广州、大连、重庆、成都、杭州报告会；2015 年5 月还召开了 3000 人规模的稻盛和夫经营哲学上海报告会。每次报告会场面火爆，好评如潮。这几年中，中央电视台采访稻盛先生达 7 次之多，节目播出之后，影响深远。

我今年已经 69 岁，每天工作 12 ～ 15 个小时，星期天、节假日也不例外。除公司内部工作、翻译工作外，有时一个月乘飞机十余次，应邀去各大企业和各地盛和塾，宣讲稻盛哲学和阿米巴经营，解答企业家们的问题，有时连续讲解五六个小时。如此大的工作量，家里人、企业同事、周围的朋友、日本友人都为我的健康担忧。但因为稻盛哲学和实学是正确经营企业的强大思想武器，受到广大企业家发自内心的热忱欢迎，所以工作虽然忙碌，我却总是乐在其中，并不感到过度疲劳。因为带着紧迫感和紧张感，所以往往精力充沛，信心十足，真是"不知老之将至"。我想，这么重要的工作居然落到我的头上，我居然似乎尚能胜任，这让我感到格外荣幸，抱着一颗感恩之心，我内心的充实和满足难以言表。

热爱激发灵感

翻译要达到信、达、雅的境界，译者至少要具备四种能力，即外语能力、母语能力、理解能力和表达能力。

除此之外，有时甚至还涉及译者的人格、治学作风以及心灵的状态。

译者只能按自己的理解来翻译原著，往往文字上似乎译出来了，但作者的思想却译不出来，有时甚至把作者的原意弄颠倒了。

有时即使理解了，但要把理解的意思用文字准确、流畅、恰如其分地表达，仍然颇费思量。表达不到位、不充分，不足以带给读者感动乃至震撼，但用词过了头，又在瞬间减弱甚至失去了作者观点原本具备的说服力。

我的经验是，不理解或原意吃不准时，可以查阅资料，可以请教别人，甚至请教作者或作者周围的人。如何将原著的精神如实表达，译出神韵，让读者易于理解，并有阅读快感，常常让我绞尽脑汁，费尽心思。

经常出现这样的情况：读了作者一段精彩的话，倍受感动，但因为文化的差异，用中文如何表达，却手足无措，很是焦急。但是，既然热爱这项工作，我就不敢怠慢，不敢敷衍，无论如何必须把作者的思想忠实地传递给读者。这样一种强烈的愿望似乎会进入潜意识，让我在散步时、洗澡时、睡觉醒来时，甚至如厕时，头脑里灵光一闪，出现神来之笔，我因此会心一笑。当某一节翻译完成后，对照翻译前的窘态，我自己也会吃惊，我竟能译得如此酣畅淋漓。

我很喜欢辛弃疾的词："我看青山多妩媚，料青山看我应如是。"当稻盛的著作融入我心中时，当我的心融入稻盛的著作之中时，当自己和自己的工作对象融为一体时，灵感就会油然而生。

常常出现的这种小小的灵感，虽然同稻盛先生开发划时代的新产品时上苍赋予他的灵感不可同日而语，但在翻译和平时的工作实践中，我也深切体会到了稻盛先生有关热情可以激发灵感这个重要的思想。

热爱陶冶人格

稻盛哲学的精髓可以用"提高心性，拓展经营"这句话来表达。所谓"提高心性"，稻盛先生又常用磨炼灵魂、净化心灵、提升理念、陶冶人格、扩展器量等说法来替代。

这里又出现一个因果循环：只有提高心性，才能拓展经营；反过来，只有在拓展经营的实践过程中才能提高心性。

换言之就是：比完成活儿更重要的是完善干活人的人格。但是，干活人的人格必须在干活中才能提升和完善。

"工作造就人格。"要全身心投入当前自己该做的事情中去，聚精会神，精益求精，这样做就是在耕耘自己的心田，就可以造就自己深沉厚重的人格。

用真挚的态度，正面生活、工作、经营中的现实问题，绝不逃避，拿出勇气，用良知去应对解决，这个过程本身就是提高心性。

稻盛先生说："回顾自己人生的每一天，其实就是通过经营实践，不间断地提升自己的心性。"

我在平时的工作中，特别在传播稻盛哲学和阿米巴经营的过程中，对这一点有特别深刻的感受。

热爱工作，投身事业，在这个过程中，抑制私心，陶冶人格，鼓足勇气，贯彻正义，这样才能获得周围人由衷的信任和尊敬。

在急功近利的世风中传播稻盛的利他哲学，好比"向沙漠中洒水，在急流中打桩"，需要有明确的信念、强烈的愿望、坚定的意志，以及甘愿付出、自我牺牲的勇气。

我把传播稻盛哲学看作自己的天职。稻盛先生说："天职需由自己创造。"而这项事业的最高报酬不是别的，就是磨炼自己的灵魂，使它在人生谢幕之时比开幕之初高尚一点点。

热爱获得天助

天道酬勤。只要热爱工作，只要抱着纯粹的动机、强烈的愿望，付出不亚于任何人的努力，就能感动上帝，获得天助。因为这种态度符合天道，与天地宇宙的意志相一致。

稻盛先生在谈到日航重建成功时说："看到我奋不顾身的样子，神灵、上天，或者说是自然，因感动而向我伸出了援助之手。如果不是这样，日航如此奇迹般的回升是根本不可能的。这不是人的力量，只能说是Something Great，即某种'伟大之物'在发挥作用。这种'伟大的存在'让我参与了日航重建，并援助推动重建工作取得成功。"

稻盛哲学在中国的传播也开始出现类似的现象。中国已经出现了一批实践稻盛敬天爱人哲学的优秀企业。"一灯照隅是国宝"，一个行业中只要出现一家这样的企业，就能影响整个行业的风气。"一灯照隅，万灯照国"，如果每个行业都出现这样的企业，就可能改变整个商业文明的走向：从利己的文明走向利他的文明。

这不但是可能的，而且是必然的。因为这就是天意。违背天意，人类将没有未来。

幸福"工作法"

为了度过有价值的人生

日本这个国家迎来了一个"没有方向的时代"。一方面，人们找不到前进的明确指针；另一方面，人们又面临许多过去未曾碰到过的问题：社会趋向于少子高龄化，人口减少，地球环境恶化等。同时我们看到，人们的价值观本身也陷入了混乱之中。

对于人生中费时最多的"劳动"的观念扭曲，以及对于"工作"的认识改变，正是价值观混乱的表现。

"人为什么要工作？""劳动究竟为了什么？"现在多数人已经丧失了对工作目标和意义的正确认识。

讲述提高日常工作效率的方法，以及操作指南之类的书籍汗牛充栋，但是，工作的根本意义究竟在哪里，这么重要的问题却无人探讨。

在今天的年轻人中，有一种明显的倾向在滋长，那就是不喜欢工作，厌恶劳动，并且还会尽可能地逃避工作的责任。

有的人把"努力工作""拼命劳动"看得毫无意义，他们甚至对积极工作的人报以冷笑和鄙视。

还有许多人热衷于股票买卖，憧憬于"轻轻松松发大财"。很多人创办风险企业，其目的也只是通过上市一攫千金，然后年纪轻轻就脱离工作、享受生活。把这些当作人生目标的人日益增多。

与此同时，社会上还出现了恐惧劳动的倾向。

刚踏进社会的年轻人，把工作视为剥夺人性的苦役。甚至很多人干脆不求职、不工作，而选择在父母的庇护之下混日子。要不就不务正业，靠打零工糊口。无固定工作的自由职业者的增加，是劳动观念、工作意识改变所带来的必然结果。

把工作看成不得不干的"必要之恶"，这种观念在私下里似乎已经成了人们的共识。

心里还是不愿工作，但为了要吃饭又不得不干，抱着这种心态，很多人都希望工作轻松而又能多赚钱。不想受企业的约束，只重视私人活动的时间，只想埋头于个人兴趣，这样的生活方式，在富裕的时代背景之下，深深渗透到了年轻人群体当中。

因此，今天许多人已经丧失了对"工作"的根本意义的正确认识，不愿好好地面对它。

对这样的人，我想问一句：难得来这世上走一回，你的人生真的有价值吗？

对，我不仅要问，而且无论如何，我要把自己对于"工作"的正确认识告诉给这些年轻人。

理解工作的意义，全身心投入工作，你就能拥有幸福的人生。

在这本书里，通过讲述我对"工作"的思考和体验，我将告诉大家，劳动可以给你的人生带来多么巨大的收获。

为什么要工作？劳动究竟为了什么？

在本书中，我要把自己对于『工作』的正确认识告诉你

理解工作的意义，全身心投入工作，你就能拥有幸福的人生

工作是"万病良药"

我认为工作是对万病都奏效的灵丹妙药，通过工作你可以战胜各种困难和考验，让自己的人生时来运转。

我们的人生是由种种苦难构成的。

苦难既不是我们希望的，也不是我们招惹来的，但意想不到的苦难却接踵而来。苦难和不幸袭击我们、折磨我们，让我们为自己的命运而怨恨，甚至灰心丧气，稍一气馁便被苦难击垮。

然而，"工作"却隐藏着一种伟大的力量，它能够帮助你战胜命运中的苦难，给人生带来光明和希望。回顾我自己的人生，这个真理昭然若揭。我年轻时经历过种种挫折：先是初中升学考试失败，接着患上肺结核，徘徊于死亡边缘。后来拖着孱弱的身体第二次考初中又落榜，同时因为战乱家屋被烧成废墟。

在我 15 岁以前幼小的心灵中，接连的厄运让我几度丧失对生活的希望，然而考验还在继续。

考大学及后来找工作的经历仍不断地让我失望伤心。第一志愿的大学医学部没能考上，只进了一所地方大学的工学部。于是，我只有从懊恼中振奋精神，拼命用功读书。学校给了我很高的评价，这给了我极大的鼓励，然而我毕业后去大企业求职应试却屡遭挫折。

最后由老师介绍，我总算进了京都一家制造电瓷瓶（装在铁塔或电线杆上支撑电线的绝缘陶瓷器具）的小公司。这是一家濒临破产的亏损企业，我上班后第一个月的工资就没有如期发放，公司给我们的答复是"请再等等"。

这一年我23岁，我哀叹自己的命运，心中苦恼："为什么不幸和苦难一次又一次降临到我的身上，我今后的人生将会是怎样的呢？"然而，仅仅因为一件事情，被残酷命运捉弄的我的人生，居然发生了彻底的、戏剧性的变化，从此我开始走出人生新的一步。

这件事情就是我改变了自己的想法，开始拼命投入工作。

当我拼命工作时，人生的齿轮就向着幸运的
方向转动着

拼命工作

人生的齿轮
向幸运的方
向转动

人生

崭新的
未来在此
之前展现

不可思议的事情发生了，我人生的齿轮——过去一直在苦难和挫折的方向上运转，现在开始朝着幸运的方向转动了。此后，我的人生进入崭新的状态，充满希望，不断成功。

读者当中也许有很多人每天都在工作，却不理解工作的真正意义，因而天天烦恼、痛苦、叹息。我希望他们务必懂得："劳动"是"医治百病的良药"；工作能够克服人生的磨难，让自己的命运获得转机！

目录

第一章

工作是为了提升心志：

为什么要工作

:: 理解工作的意义，全身心投入工作，你就能拥有幸福的
人生。

:: 日复一日勤奋地工作，可以起到锻炼我们的心志、提升
人性的了不起的作用。

:: 对今天做过的事，老老实实地进行反省，发誓从明天起
认真改进。

一心一意投身于工作，聚精会神，孜孜不倦，精
益求精，这本身就是磨炼人格的修行，这样做就能磨
炼我们的心志，促进我们成长。而通过这种心志的提
升，我们每个人的人生价值也能随之提升。

我的人生中曾遭遇过无数的困难和挫折，但恰如
奥赛罗棋盘上的黑棋一下子返归白棋一样，困难和挫
折后来都变为成功的基础。现在回顾起来，我感觉到，
当初认为痛苦的事情后来全都给我带来了好结果。

我们为什么而工作

为什么而工作？工作是为了获得生活的食粮。很
多人是这么想的。他们认为，报酬就是劳动的价值，
就是工作首要的意义。

诚然，获得生活的食粮，是工作的重要理由之一，
这没有错。然而，我们拼命工作，难道仅仅为了吃饭
这一个目的吗？

人工作是为了提升自己的心志——这是我的观点。

提升心志是一件非常困难的事情，有的僧人经历长期严格的修行，也未必能够做到。但是，在工作中却隐藏着可以达到这个目的的巨大力量。

人工作是为了提升自己的心志——这是我的观点。

工作的意义正在于此。

日复一日勤奋地工作，可以起到锻炼我们的心志、提升人性的了不起的作用。

我曾在一个电视访谈节目中听过一位修建神社的木匠师傅的话，很受感动。他说：

树木里宿着生命。工作时必须倾听这生命发出的呼声——在使用千年树龄的木料时，我们工作的精湛必须经得起千年日月的考验。

这种动人心魄的语言，只有终身努力、埋头工作的人才说得出来。

木匠工作的意义在哪里？它的意义不仅在于使用工具修筑漂亮的房屋，不仅在于提高木工技能，更在

稻盛和夫

勤奋工作就能提高心志

于磨炼人的心志，塑造人的灵魂——我在这位师傅的肺腑之言中听出了这样的意蕴。

他已 70 多岁，只有小学毕业，职业生涯一直就是修建神社。几十年间只从事这一项工作，又苦又累，不胜厌烦，有时也想辞职不干，但他还是承受和克服了这种种劳苦，勤奋工作，潜心钻研。在这样的过程中孕育了他厚重的人格，所以才能说出如此语重心长的人生体验。

像这位木工师傅一样，将自己的一生奉献给一门职业，埋头苦干，孜孜不倦，这样的人最有魅力，也最能打动我的心弦。

只有通过长时间不懈的工作，磨砺了心志，才会具备厚重的人格，在生活中沉稳而不摇摆。每次与这样的人接触，都能引起我的重新思索，思索工作这一行为的神圣性。

生活在现代的年轻人，你们

> 只有通过长时间不懈的工作，磨砺了心志，才会具备厚重的人格，在生活中沉稳而不摇摆。

稲盛和夫

努力把工作做到极致，就等同于磨炼心志和技术

把工作做到极致

心　技术

承担着对未来的责任，在工作中切不可好逸恶劳，不要逃避困难。希望你们秉持一颗纯朴的心，全身心地投入到工作中去。

有时你们或许会感到疑惑："工作到底是为了什么？"希望你们记住下面这句话：

工作能够锻炼人性、磨砺心志，工作是人生最尊贵、最重要、最有价值的行为。

工作造就人格

想好好活，就得好好干，这一点很重要。

工作就是提升心志、磨炼人格的"修行"。这样说并不过分。

大约在 10 年前，我和一位德国领事对谈时，听到这样的话：

劳动的意义不仅在于追求业绩，更在于完善人的内心。

工作最重要的目的在于通过工作来磨炼自己的心志、提升自己的人格。就是说，全身心投入当前自己该做的事情中去，聚精会神，精益求精。这样做就是在耕耘自己的心田，可以造就自己深沉厚重的人格。

工作就是提升心志、磨炼人格的"修行"。这样说并不过分。

"工作造就人格"，就是要通过每一天认真踏实的工作，逐步铸成自己独立的、优秀的人格。这样的事例，从古至今，从东方到西方，不胜枚举。只要翻开伟人们的传记，随处可见。

凡是功成名遂的人毫无例外地，都是不懈努力，历尽艰辛，埋头于自己的事业，才取得了巨大成功。通过艰苦卓绝的努力，在成就伟大功绩的同时，他们也造就了自己完美的人格。

有这样一则小故事值得玩味：

在南太平洋新不列颠岛上，有一个未开化部落的村庄，那里的人们都认同"劳动是美德"这一观点。在他们的生活中渗透着一种纯朴的劳动观："认真劳动能塑造美丽心灵""美好的工作产生于美好的心灵"。

在这个村落里，主要的劳动内容是烧荒式的农业，作物是甘薯。

在这里，根本不存在"工作是苦役"这样的观念。村民们通过工作追求的目标是"工作得到的美的成果"和"人格的陶冶"，就是要把工作做得完美，并由此磨炼自己的人格。

村民们互相评论各自田地的整修情况、作物的长势以及泥土的气味，气味好闻的被夸为"丰登"，气味难闻的则被贬为"不毛"。

经过这样一番评价，田地耕作得精细的人就会被称为"人格高尚的人"，会受到全村人的尊敬。

也就是说，这个村子里的村民是通过劳动的成果——田地是否整齐，作物是否丰收，来判断一个人的人格的。田头工作出色、工作成果显著的人，就被认为是优秀的人，是人格高尚的人。

功成名遂的人做了什么

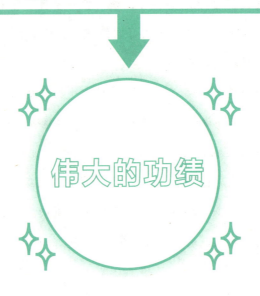

不惜努力

历尽艰辛

埋头于
自己的工作

伟大的功绩

　　对他们来说，劳动是获取生活食粮的手段，同时也是磨炼心志、修炼人格的手段。"出色的工作唯有出色的人才能完成"，这种简朴却切中肯綮的劳动观在原始社会中普遍存在。

　　而在给人类带来近代文明的西方社会里，从基督教思想起源，"劳动乃是苦役"这个观点相当普及。这一点在《圣经》一开头的亚当和夏娃的故事中就表达得十分清楚。

　　他们是人类的祖先，因为偷吃了上帝禁食的果实，被赶出伊甸乐园。原来在乐园里他们不需要劳动，但遭放逐后，为了得到食物，他们不得不怀着痛苦的心情开始劳作。

　　在这个众所周知的故事里，人们是为了抵赎自己的"原罪"，才不得不接受"劳动"这种惩罚。于是劳动在人们的意识里成了一种负面的、否定的形象。

　　也就是说，对于欧美人而言，劳动本是一种充满痛苦、让人厌恶的行为，因而产生了近代的劳动观：工

稻盛和夫

通过工作成果，可以看出人格的高度

工作的成果大小与
人格的高下成正比

人格

工作成果

作时间应该尽量缩短，工作报酬应该尽量增加。

　　然而在日本原本不存在这样的劳动观。不仅如此，过去的日本人，不管从事何种职业，总是从早到晚辛勤地劳动。他们认为劳动虽然艰辛，但却能带来喜悦感、自豪感，并能让人明白生活的意义，劳动是高贵的行为。

　　有许多优秀的工匠，只要专心磨炼技能，制造出赏心悦目的产品，他们就会感到有一种说不出的自豪和充实。因为他们认为劳动是既能磨炼技能，又能磨炼心志的修行，他们把劳动看作自我实现、完善人格的"精进"的道场。可以说，多数日本人都曾经抱有这种有深度的、正确的劳动观和人生观。

　　然而，近年来，随着社会逐步西方化，日本人的劳动观发生了巨大的变化。这就是本章开头所提到的，劳动是为了获得生活的食粮，劳动是"必要之恶"。因而许多日本人把劳动看作一项单纯的苦差事，甚至厌恶劳动，厌恶工作。

经济泡沫破裂以后，日本人的劳动观发生了很大的变化

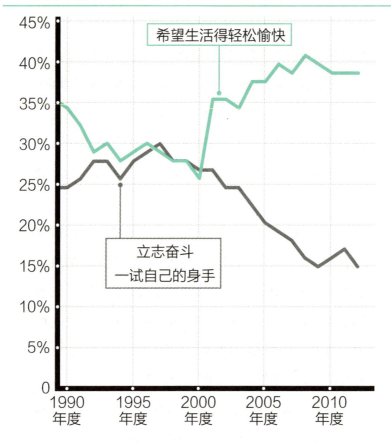

希望生活得轻松愉快

立志奋斗
一试自己的身手

只要看一看经济泡沫破裂以后的情形，就可以知道年轻人对于工作的意识发生了很大的变化。希望生活得轻松愉快，这一倾向变得更加突出

"极度"认真地工作能扭转人生

话虽这么说，但我原本也不是一个热爱劳动的人，而且我曾经认为，在劳动中要遭受苦难的考验简直是不能接受的事。

孩童时代，父母常用鹿儿岛方言教导我："年轻时的苦难，出钱也该买。"

我总是反驳说："苦难？能卖了最好。"那时的我还是一个出言不逊的孩子。

艰苦的劳动可以磨炼自己的人格，可以修身养性，对于这样的道德说教，同现在大多数年轻人一样，我也曾不屑一顾。

但是，大学毕业的我，在京都一家濒临破产的企业——松风工业就职以后，年轻人的这种浅薄的想法就被现实彻底地粉碎了。

松风工业是一家制造绝缘瓷瓶的企业，原是在日本行业内颇具代表性的优秀企业之一。但在我入社时早已面目全非，迟发工资是家常便饭，公司已经走到了濒临倒闭的地步。

业主家族内讧不断，劳资争议不绝。我去附近商店购物时，店主用同情的口吻对我说："你怎么到这儿来了，待在那样的破企业，老婆也找不到啊！"

因此，我们同期入社的人，一进公司就觉得"这样的公司令人生厌，我们应该有更好的去处"。大家聚到一块儿时就牢骚不断。

当时正处于经济萧条时期，我也是靠恩师介绍才好不容易进了这家公司，本应心怀感激，情理上就更不该说公司的坏话了。然而，当时的我年少气盛，早把介绍人的恩义抛在一边，尽管自己对公司还没做出任何贡献，但牢骚怪话却比别人还多。

入公司还不到一年，同期加入公司的大学生就相继辞职了，最后留在这家破公司的除了我之外，只剩一位九州天草出身的京都大学毕业的高才生。我俩商量后，决定报考自卫队干部候补生学校。结果我俩都考上了。

但入学需要户口簿的复印件，我写信给在鹿儿岛老家的哥哥，请他寄来，等了好久毫无音讯。结果是那位同事一个人进了干部候补生学校。

后来我才知道，老家不肯寄户口簿复印件给我，是因为我哥哥当时很恼火："家里节衣缩食把你送进大学，多亏老师介绍才进了京都的公司，结果你不到半年就忍不住要辞职。真是一个忘恩负义的家伙。"他气愤之余拒不寄送复印件。

最后，只剩我一个人留在了这家破败的公司。

只剩我一个人了，我非常苦恼。

我那时候想，辞职转行到新的岗位也未必一定成功。有的人辞职后或许人生变得更顺畅了，但也有的人人生却变得更加悲惨了。有的人留在公司，努力奋斗，取得了成功，人生很美好；也有的人虽然留任了，而且也努力工作，但人生还是很不如意。所以，情况因人而异吧。

究竟离开公司正确，还是留在公司正确呢？烦恼过后我下了一个决断。

正是这个决断迎来了我"人生的转机"。

只剩我一个人孤零零地留在这个衰败的企业了，被逼到这一步，我反而清醒了。"要辞职离开公司，总得有一个义正词严的理由吧，只是因为感觉不满就辞职，那么今后的人生也未必就会一帆风顺吧。"当时，我还找不到一个必须辞职的充分理由，所以我决定：先埋头工作。

不再发牢骚，不再说怪话，我把心思都集中到自己当前的本职工作中来，聚精会神，全力以赴。这时候我才开始发自内心并用格斗的气魄，以积极的态度认真面对自己的工作。

从此以后，我工作的认真程度，真的可以用"极度"二字来形容。

在这家公司里，我的任务是研究最尖端的新型陶瓷材料。我把锅碗瓢盆都搬进了实验室，睡在那里，

年轻时的苦恼，出钱也该买

尽管如此，我还得努力

昼夜不分，连一日三餐也顾不上吃，全身心地投入研究工作。

这种"极度认真"的工作状态，旁人看来，真有一种悲壮的色彩。

当然，因为是最尖端的研究，像拉马车的马匹一样，光用死劲是不够的。我订购了刊载有关新型陶瓷最新论文的美国专业杂志，一边翻辞典一边阅读，还到图书馆借阅专业书籍。我往往都是在下班后的夜间或休息日抓紧时间，如饥似渴地学习、钻研。

在这样拼命努力的过程中，不可思议的事情发生了！

大学时我的专业是有机化学，我只在毕业前为了求职，突击学了一点无机化学。可是当时，在我还是一个不到25岁的毛头小伙子的时候，我居然一次又一次取得了出色的科研成果，成为无机化学领域崭露头角的新星。这全都得益于我"专心投入工作"这个重要的决定。

"极度认真"是怎么回事

工作太有意思
太有趣了

全身心地
投入工作

用功学习

不再
觉得辛苦

与此同时，进公司后要辞职的念头以及"自己的人生将会怎样"之类的迷惑和烦恼，都奇迹般地消失了。不仅如此，我甚至产生了"工作太有意思了，太有趣了，简直不知如何形容才好"这样的感觉。这时候，辛苦不再被当作辛苦，我更加努力地工作，周围人对我的评价也越来越高。

在这之前，我的人生可以说是连续的苦难和挫折。而从此以后，不知不觉中，我的人生步入了良性循环。

不久，我人生的第一次"大成功"就降临了。

那些智慧迸发的瞬间

加入该公司后过了大约一年，我接受了一项新任务，研究开发一种叫作"镁橄榄石"的新材料。"镁橄榄石"是一种新型陶瓷，绝缘性能好，特别适合于高频电流，据说用作电视机显像管的绝缘材料最为理想。与当时另一种主要材料滑石瓷相比，"镁橄榄石"的优

努力工作会出现什么现象

势非常明显，应用已呈爆发式增长。

但这种材料在合成成型方面却没有成功的先例。无论对我个人而言，还是对公司而言，"镁橄榄石"的研究开发是迫在眉睫又极具挑战性的。企业里没有什么像样的实验设备，我夜以继日，反复实验，结果总是不理想。我昼夜不分，苦思冥想，不停地实验，几乎把自己逼入了"痴狂"的状态，最后总算合成成功了。

后来我才得知，成功合成"镁橄榄石"的除我之外，只有美国的通用电气（GE）一家。所以，我开发的"镁橄榄石"引起了广泛的关注。

用高频绝缘性能特别优良的"镁橄榄石"作为材料，最早开发成产品的是"U字形绝缘体"。这是来自"松下电子工业"的订单，它是松下电器产业集团中负责显像管生产制造的一个部门。当时正逢日本家庭显像管式电视机开始普及，"U字形绝缘体"作为电子枪中的绝缘零件，使用我开发的"镁橄榄石"最理想不过了。

　　"Ｕ字形绝缘体"开发中最棘手的问题是原材料"镁橄榄石"粉末如何成型。这种粉末非常松脆，无法成型。像做面条一样，需要有黏性的材料。过去都是添加黏土，但黏土总是含有杂质。怎样才能解决这个"黏性"的问题，我每天思考、实验，绞尽脑汁，百思不得其解。有一天，令人难以置信的事情发生了。

　　那天，我一边想着这个难解的"黏性"问题，一边走进实验室。突然，我被某个容器绊了一下，差点跌倒，下意识一看脚下，鞋上沾上了实验用的松香树脂。

　　"谁把松香搁在这个地方！"就在那一瞬间："就是它！"一个念头在我脑海里闪过。

　　我立即架起一个简单的锅，将陶瓷原料和松香放入锅中，一边加热一边混合，然后放进模子里成型。成型成功了，将它放进高温炉里烧结时，作为黏结剂的松香都被烧尽挥发，做出的成品"Ｕ字形绝缘体"中就不留任何杂质了。

　　那么令人头痛的难题居然一下子就解决了。

生活中使用的"精密陶瓷"

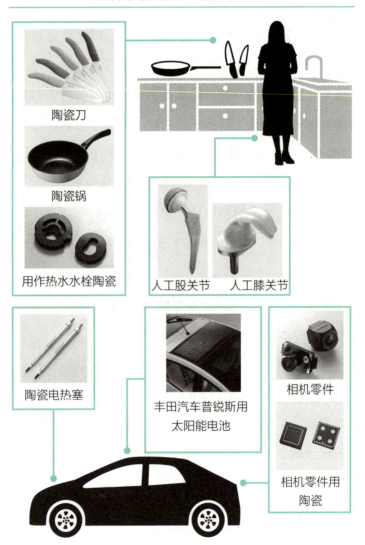

陶瓷刀

陶瓷锅

用作热水水栓陶瓷

人工股关节　　人工膝关节

陶瓷电热塞

丰田汽车普锐斯用
太阳能电池

相机零件

相机零件用
陶瓷

今天回头来看，那一瞬间只能称为"神的启示"。

我拼命工作，苦苦思索，神都看不过去了，神可怜我，赋予了我智慧。我想事情只能这样来解释。

因为类似的经验积累了许多次，所以后来遇到难题时，我就会对员工们说："要让神愿意伸手援助，你就必须刻苦钻研，全身心投入工作。这样的话，不管面临多么困难的局面，神一定会帮你，事情一定能成功。"

此后，我开发的"U字形绝缘体"成为制造电视机显像管必不可少的部件，我们公司接到了松下电子工业的大量订单。就是这个产品让摇摇欲坠的公司有了起死回生的希望，全公司的期望集中到我一个人身上。

可以说，这时的技术和业绩也奠定了日后京瓷公司发展的基础。而且这个"最初的成功体验"让我悟到一个重要的道理：

即使在苦难当中，只要拼命工作，就能带来不可思议的好运。

"那家伙真可怜。"那时周围的人都这么说。我想人有一个时期处在这种不幸的境遇里也未必是坏事。

冬天越寒冷，樱花就开得越烂漫。人也是一样，不体验痛苦和烦恼，就很难有大的发展，就不会抓住真正的幸福。

冬天越寒冷，樱花就开得越烂漫。人也是一样，不体验痛苦和烦恼，就很难有大的发展，就不会抓住真正的幸福。

我的人生中曾遭遇过无数的困难和挫折，但恰如奥赛罗棋盘上的黑棋一下子返归白棋一样，困难和挫折后来都变为成功的基础。现在回顾起来，我感觉到，当初认为痛苦的事情后来全都给我带来了好结果。

人生中的困难和挫折，正是我人生的起点，或许也正是我最大的"幸运"。

这么想来，人生中的困难和挫折，正是我人生的起点，或许也正是我最大的"幸运"。

比如，我不幸进入了连年亏损的松风工业公司，同期来的大学生中只剩下我孤零零一个人。"稻盛君真可怜，大学里很用功，成绩这么好，却只能待在那样

全身心投入工作就能获得神的启示

的破公司里，运气太差，他的人生今后不知会怎样呢。"朋友们这么评价我，不知是同情还是嘲笑。

看到同事们一个个凭各自的本领开拓进取，自己却无处可去，只能一个人龟缩在这倒霉的公司里——一种绝望感让我几乎精神崩溃。

但是，现在想来，正是这种不幸或考验教我懂得，只有拼命工作才能给人生带来好运。从这个意义上说，苦难和挫折是神赐予我的最好礼物。在逆境中坚持认真工作，拼命努力，我现在所有的成功都是建筑在这个基础之上的。

如果不经历苦难和挫折，考进了名校，就职于大企业，我的人生就完全不同了。

不管是顺境也好，逆境也好，不管自己处在何种境遇，都要抱着积极的心态朝前看，任何时候都要拼命工作，持续努力，这才是最重要的。

冬天越寒冷，樱花就开得越烂漫

乍看的不幸，实际上是幸事

拼命工作会给人生带来意想不到的、美好的未来，即使这个道理你理解了，懂得了，但因为人本性中就有好逸恶劳的倾向，所以"工作令人生厌""能不工作最好"这种念头时不时还会冒出来。

本来人这种动物，如果放任不管，就会流于安逸，只要可能就总想逃避苦难。这种基于人的本性、追求安乐的习性，我想不管是我们这些成长于战争年代的人，还是现代和平富裕时代的年轻人，基本上并没有什么区别。

过去和现在很大的不同是，在迫不得已的我们那个时代，即使你讨厌工作，现实环境也逼得你不得不努力工作。

我青年时期的日本，社会环境比今天不知严酷多少倍。无论你喜欢与否，如果你不辛勤劳动，就连饭也吃不上。

另外，当时也很难像现在这样，选择自己喜欢的工作、寻找适合自己特点的职场。那时我们没有选择职业的机会，只能无条件地继承父母的工作，或者是一有就职的机会，就不管什么工作，先做了再说。这些情形在当时是理所当然的，而且一旦进入了某家公司，想要辞职也不那么容易，因为社会舆论不支持你这么做。也就是说，工作，在一家单位连续地工作，与你本人的意愿无关，而是社会的需要，或者说是你的义务。在这中间几乎没有你个人裁量和挑选的余地。

这样的事情在今天看来，似乎很不幸，但实际上这或许正是幸事也未可知。因为，在迫不得已的、辛勤的工作过程中，人们在不知不觉中就能获得人生的"万病良药"。

就是说，即使你讨厌工作，但又不得不努力工作，在努力工作的过程中，你脆弱的心灵也能得到锤炼，你的人格也能得到提升，你照样能抓住幸福人生的契机。

努力工作的彼岸是美好人生

在现在这个和平富裕的年代，强迫劳动已经消失了。在这样的时代，不好好工作、懒懒散散过日子，会给人生带来什么呢？我们应该认真思考。

假设你中了彩票，得到了一大笔钱，足够你玩乐一辈子。但你必定会感觉到，这样的幸运并不能带给你真正的幸福。

没有目标，不工作，每天吃喝玩乐，如果长期持续这种无聊的生活，你不但不会成长，而且会丧失自己人性中那些美好的东西。长此以往，你与家庭、朋友的关系就会恶化，你将找不到人生和工作的意义。

获得心中快乐的前提是劳动。每天认真工作，努力获得回报，才能让你感受到人生的快乐和时间的可贵。

拼命工作的背后隐藏着快乐和欢喜，正像漫漫长夜结束后，曙光就会到来一样。欢乐和幸福总会从辛苦的彼岸露出它优美的身姿，这就是劳动人生的

持续努力工作，就能获得"万病良药"

美好。

在距今 40 年前，京瓷公司首次在股票市场上市。之前的辛苦努力获得了社会的认可，同时自己赤手空拳创建的公司进入了一流企业的行列，我沉浸在无限的感慨之中。

于是就有人劝我从此好好玩乐，过轻松愉快的生活，他们说："反正资产也有了，从现在开始不妨放松休假，通过兴趣和余暇寻找快乐，你看怎么样？"

的确，最近有些风险企业的经营者们，依靠自己的才能发展了事业，股票很快上市。他们将自己的原始股票在市场上出售，获得了巨额财富，尽管只有三四十岁，就已开始考虑退休了。

京瓷上市时，我所持有的原始股还一股未抛，而发行新股所获的利润全部归公司所有。当时我还不到 40 岁，但我思考的是趁上市的机会"从今以后得更加努力地工作"。

上市后，我不仅要继续为员工及其家属谋福利，还要为普通投资者的幸福做更多事。不仅不能休闲放松，我负的责任还将更大、更重。

我认为，上市并不是终点，只是新的起点，企业从此以后必须更好地发展。"回归创业的初衷，哪怕汗流浃背，哪怕沾满尘土，让我们同心协力加油干!"上市时，我一边鼓励员工，一边也在自己心中重新下定了决心。当初的这些情景至今仍记忆犹新。

坚持"愚直地、认真地、诚实地"工作

人很容易骄傲自大，因为人是一种充满烦恼的动物。人若想要提升心志，重要的是抑制自己的邪恶之心。

人的烦恼据说有 108 种之多。

其中"欲望""恼怒""愚痴"这三者都是卑怯之心，是让人陷于烦恼的最厉害的东西。它们纠缠于人的内心，要驱赶也驱赶不走。释迦牟尼把这三者称为"三

幸福从辛苦的彼岸露出身姿

毒"，它们是将人的行动导向错误道路的万恶之源。

"想获取比别人更多的金钱""想得到比别人更高的评价"——无论谁的心里都潜伏着这样的欲望。当这种欲望得不到满足时，人们就会"恼怒"。"为什么这么不如意？"人们接着就会发泄"愚痴"和不满。人是不幸的动物，生活中总是被这"三毒"支配。

然而，人生在世又少不了这"三毒"，它们如果根本不存在，人就无法生存。因为人有血肉之躯，为了生存，这"三毒"又是必要之心，是自然赋予人的本能。比如，为了维持自己的生存，人要满足自己的食欲，对攻击自己的敌人要表达愤怒，要在达不到自己希望的状态时发泄不满，这些都无法戒除。但这"三毒"切不可过度。

"三毒"不能完全排除，但却必须做出努力让毒素稀释。要达到这个目的，独一无二的方法，就是拼命地"工作"。

"愚直地、认真地、专业地、诚实地"投身于自己的工作，长此以往，人就能很自然地抑制自身的欲望。此外，热衷于工作，还能镇住愤怒之心，也会无暇发牢骚，而且日复一日努力工作，还能一点一点提升自己的人格。

从这个意义上说，"努力工作"就类似于修行。而实际上，释迦牟尼提倡的进入悟境的六项修行——"六波罗蜜"，其中之一的所谓"精进"就是拼命地工作。

一心一意投身于工作，聚精会神，孜孜不倦，精益求精，这本身就是磨炼人格的修行，这样做就能磨炼我们的心志，促进我们成长。而通过这种心志的提升，我们每个人的人生价值也能随之提升。

要每天反省

在人生中，提升心志这件事，说起来容易做起来难，要实践并不简单。

让人陷入痛苦的"三毒"

说来可悲，不管人怎样一心思善、行善，不知不觉中仍会做出出格的举动。人往往做不到把思善、行善贯彻始终，除非真正的圣人君子。

在人生中，提升心志这件事，说起来容易做起来难，要实践并不简单。

在这一点上，我虽这么说了，但我同样也做不到。

为了自我诫勉，为了不让邪恶之心轻易地控制自己，不知何时起，我就采用了一种自诫的仪式。当骄傲自满、自以为是这一类邪恶的念头在心中冒头时，我就立即给自己一个反省的机会。我年轻时就开始做这种努力。

例如，稍稍表现出傲慢，或者吹了牛，或者自己没有尽到责任时，夜里回到家里以后，或者第二天清晨起床后，就会对着洗脸的镜子，严厉地斥责自己：

"混账！"

然后又反省说："神啊，对不起！"

就这样自我诫勉，内心宣誓从明天起继续保持谦虚的态度，改正错误，重新开始。我从年轻时起就养成了这样反省的习惯。这种习惯起到了修正轨道的作用，使我至今的人生，没有脱轨，仍能勇往直前。

重要的是，要努力去思善、行善，而同时一旦动了不好的念头，做了不好的事情，就要虚心反省。通过反省我们就能一步一步向上提升。

对今天做过的事，老老实实地进行反省，发誓从明天起认真改进。这样度过反省的每一天，我们不但能避免工作上的失败，而且有利于在人生中提升心志。

只有通过反省，人才能向上提升

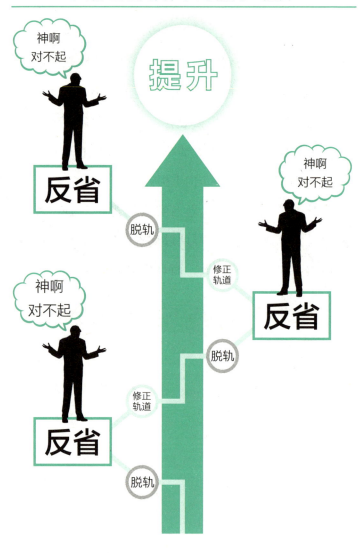

体 悟

磨炼灵魂，就会产生利他之心

全神贯注于自己的工作，只要做到这一点，就可以磨炼自己的灵魂，铸就美好的心灵。有了美好的心灵，就会很自然地去想好事，做好事，为社会、为他人着想，并落实在行动中，你的命运就一定会向好的方向转变。

第二章

让自己喜欢上所从事的工作：

如何投入工作

:: 应该迷恋工作、热爱工作、拥抱工作。

:: 无论如何，必须得喜欢上自己的工作。

:: 对自己的工作、自己的产品，如果不注入如此深沉的关
   爱之情，事情就很难做得出色。

想要成就某项事业，就必须成为能够自我燃烧的人。

要成为"自燃型"的人，在热爱自己工作的同时，必须持有明确的目标。

为了顺利推进公司或团队的工作，无论做什么事情，都需要有一个精力充沛的、起核心作用的人物。

改变"心态"

我原本也像随处可见的小青年一样，兴趣多变，不善于将心思集中在一件事情上。

那么，像我这样的年轻人，为什么在50年这么漫长的时间里能够一心一意专注于工作呢？

那是因为我付出了努力，我让自己喜欢上了自己的工作。

只要改变"心态"，每个人周围的世界都会发生戏剧性的变化。

前面已经提及，对于新型陶瓷的研究工作，一开始我并没有什么兴趣。在大学时我专攻的是当时最热门的有机化学，但我想去的公司不肯录用我，所以我不得已才就职于松风工业。这是一家生产绝缘瓷瓶、属于无机化学领域的企业，而研究新型陶瓷也是被分配的、不得不做的工作。

刚进公司时，我所属的研究室一共只有五六个人，除我之外，其他研究人员都是从事绝缘瓷瓶材料的改良工作的，因为在当时，那才是企业的核心产品。只有我一个人被指定去研究陶瓷的新材料（后来我将它命名为新型陶瓷），理由是"将来在电子领域一定会需要高频绝缘材料"。

这个领域当时还是一个未知的世界，缺乏可靠的研究资料。另外，公司很穷，没有什么像样的实验设备，也没有上司或前辈可以指导我的工作。在这样的环境里，要做到"热爱自己的工作"实在不容易。

但是辞职转行又没成功，我只好留在这里。于是，我决定改变自己的"心态"。

"埋头到工作中去！"我努力说服自己。

即使做不到很快就热爱工作，但至少"厌恶工作"这种负面情绪必须从心中排除。我决定倾注全力先把眼前的工作做好再说。

现在看来，这就是为了"喜欢工作"而做的努力吧，但是当时的我，对这一点并没有清楚的认识。

因为几乎不具备与新型陶瓷相关的基础知识，所以一开始我先去大学图书馆寻找有关的文献资料。那时还没有复印机，我翻阅了过往的行业期刊和学术纪要，发现重要的内容就立即抄写在笔记本上。同时，虽然囊中羞涩，但我还是坚持购买研究所需的书籍。我还向美国陶瓷协会索要论文，那时总是辞典不离手，边看边译。总之，一切都是从获取最基础的知识着手的。

然后，我依据从这类资料中获得的信息开始做实验，根据实验结果，再去寻求新的理论解释，然后再做实验——不断反复这种细致而踏实的过程，就是我当

如何改变"心态"

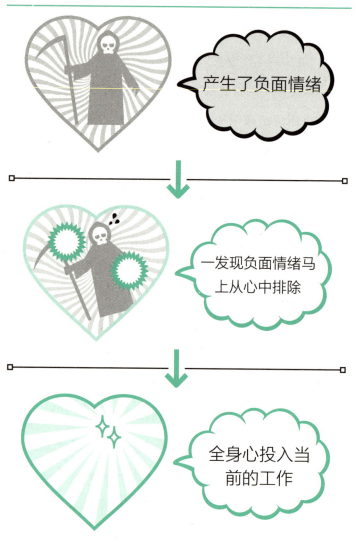

产生了负面情绪

一发现负面情绪马上从心中排除

全身心投入当前的工作

时的工作。

在这个过程中，不知从何时起，我深深地为新型陶瓷的魅力所吸引，而且渐渐明白，新型陶瓷中或许隐藏着一个不可思议的、美好的前景。

"这样的研究，恐怕大学里也不会有吧，或许全世界也只有我一个人在钻研。"这么一想，枯燥的研究也显得熠熠生辉起来。

开始时，我有一半是强迫自己，但不久就变得积极主动起来了，而且喜欢上了这项研究。再后来，我就大大超越了喜欢不喜欢这样的层次，感觉到了这项工作所包含的重大意义。

"天职"不是偶然碰上的，而是由自己亲自制造出来的。

"迷恋"工作

热恋中的情人，在旁人看来目瞪口呆的事情，他

所谓"天职"，由自己制造出来

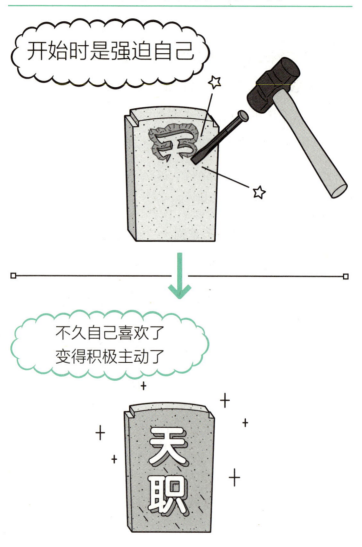

们却处之泰然。这一点有过恋爱经验的人都能理解。我年轻时虽说一心扑在工作上，但也不曾忽略过这样的感情。

在创建京瓷以前，在繁忙的工作之余，星期日，有时我会邀请关系亲密的女孩去看电影，看完后送她回家。本来电车可以直达，但有几次我故意提议从前一站就下车，边走边聊，慢腾腾地走了很长的路才将她送回家。

其实每天工作到很晚，身体应该很疲倦了，然而，走这么长的路我却丝毫不累，而且非常愉快，劲头十足。

"有情人相会，千里变一里"，这句话真实地表达了我当时的心情。

工作也一样，应该迷恋工作、热爱工作、拥抱工作。

工作也一样，应该迷恋工作、热爱工作、拥抱工作。

在旁人看来，"那么辛劳、那么艰苦的工作，太可怕了！简直无法忍受，根本无法坚持。"但如果你迷恋这个工作、热爱这个工作，那你就能够承受，一切都不在话下。

正因为迷恋工作、热爱工作，所以我就能长期坚持艰苦的工作，一以贯之，无怨无悔。

人就是这样，对于自己喜欢的事情，再辛苦也无怨言，也能忍受。而只要忍受艰苦、不懈努力，任何事情就都能成功。喜欢自己的工作——仅仅这一条就能决定人的一生，我想这么说一点也不过分。

要想拥有一个充实的人生，你只有两种选择：一种是"从事自己喜欢的工作"，另一种则是"让自己喜欢上工作"。一个人能够碰上自己喜欢的工作的概率，恐怕不足千分之一、万分之一。而且，即使进了自己所期望的公司，要能分配到自己所期望的职位、从事自己所期望的工作，这样幸运的机会几乎没有。

大多数人初出茅庐，只能从"自己不喜欢的工作"开始。

但问题是，多数人对这种"不喜欢的工作"抱着勉强接受、不得不干的消极态度，因此对分配给自己的工作总是感到不满意，总是怪话连篇、牢骚满腹。这样下去，本来潜力无限、前程似锦的人生只会虚度。

无论如何，必须喜欢上自己的工作。

要把"被分配的工作"当成自己的天职，抱有这种心境非常重要。如果你还不肯抛弃"工作是别人要我做的"这种不恰当的意识，就无法从工作的"苦难"中解脱出来。

与其寻找自己喜欢的工作，不如先喜欢上已有的工作，脚踏实地，从眼前开始。寻找自己喜欢的工作，往往就像寻找一座空中楼阁；与其追求幻象，还不如先爱上眼前的工作。

只要喜欢了，就能不辞辛劳，不把困难当困难，埋头工作。只要一心一意埋头工作，自然而然就能获得力量。有了力量，就一定能做出成果。有了成果，就能获得大家的好评。获得好评，就会更加喜欢工作。

这样，良性循环就开始了。

迷恋工作

有情人相会，千里变一里

要想做出成绩，首要的就是运用自己坚强的意志去喜欢工作，除此之外别无他法。只要你这么做了，人生就将硕果累累。

感动给人注入新的动力

"热爱工作""把工作当乐趣"，话虽这么说，但做起来就像僧人艰苦修行一样，并非易事。所以，若只是当苦行僧，一味强调吃苦耐劳而没有快乐，那也很难持之以恒。

因此，还必须要从工作中寻找快乐。

我的经验是，当研究工作进展顺利时，就要直率地表达出快乐；当研究成果受到别人的夸奖时，就要诚挚地表示感谢。继而将这种喜悦和感动当作精神食粮，然后继续投入艰苦的工作。

我想起一件发生在进公司后第二年的事，当时我正在全神贯注地测定实验数据。

稻盛和夫

从"喜欢工作"开始

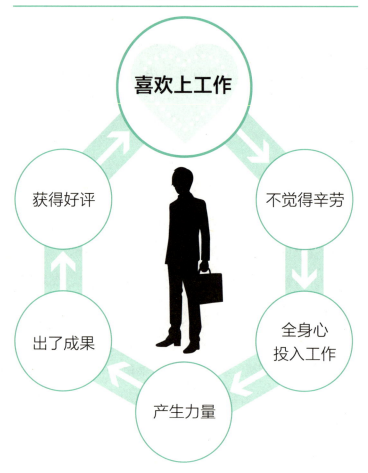

只要用自己坚强的意志，喜欢上了交给
你的工作，就会产生良性循环

那时，有一位京都名牌高中的毕业生，因家庭原因，不得已当了我的研究助手。他是一位头脑非常聪明的青年，我每天都让他帮我测定实验数据。"这种材料应该具有这样的物理性能吧。"我一边做预测，一边做实验，而由他来测定有关数据。

我生性就有单纯的一面。也许因为这个原因吧，每当实验测出的数据符合我原先的设想时，我就会高兴得从地上跳起来。

这时，我的这位助手总是站在一旁用冷冷的目光注视着我。

有一天，同平时一样，一次实验完后我又开心得跳了起来，并对他说："喂！你也该高兴啊！"但不料，他说的一席话，犹如一盆冷水从我的头顶浇到脚底。

他用鄙夷的眼神看着我，说：

稻盛，说句失礼的话，值得男子汉兴奋得跳起来的事情，一生中也难有几回。但看你的样子，动不动就高兴得手舞足蹈，现在甚至叫我也要同你一起高兴，我是说你轻薄好呢，还是轻率好呢？总之，我的人生观与你不一样。

当时，我感到后背一阵冰凉。

确实，可以说他显得非常理性，但我却无论如何也接受不了他的观点。只过了一瞬间，我就反驳说：

你说什么？因为小小的成功就能感到喜悦和感动，这样多好！要想坚持这种枯燥的研究，有了研究成果，就应该真挚地把高兴劲儿表达出来。这种喜悦和感动能给我们的工作注入新的动力，特别是现在研究经费不足、研究环境很差的条件下。要把研究做下去，我们就要为每一步小小的成功而庆祝，这样才能给我们增添新的勇气。所以不管你说我轻薄也好，轻率也好，今后我照样要为我的每一个小小成功而开心，并由此把工作不断向前推进。

参加工作才两年，就能讲出这么一番道理，我颇为自己感到骄傲。可惜我这些话却不为我的助手所理解。两年后，他悄然辞职，离开了公司。

在工作中寻找快乐

在漫长的人生
中顽强地生活

将感动涌出的能量
作为前进的动力

要为小小的
成功而高兴

如果当初他能理解我说的并把它当作动力，更加努力地工作，那结果将会怎样呢？

年轻的读者们，希望你们在工作中为自己的小小成功感到欣喜。要抱有一颗善被感动的心，要诚挚地对待生活。请把感动带来的能量当作动力，更加努力地工作！这就是在漫长的人生征途中顽强生活的最好方法，也是我不渝的信念。

"抱着产品睡"

"紧抱自己的产品"——每当新产品开发的时候，我总是这么想。

对自己的工作、自己的产品，如果不注入如此深沉的关爱之情，事情就很难做得出色。

"工作是工作，自己是自己"，把"工作"与"自己"分开，让两者保持距离，这是最近年轻人中流行的观点。然而，要做好工作，就应该消除"工作"和"自己"之间的距离，要悟到"自己就是工作，工作就是自己"的程度。这两者密不可分。这个经验相当重要。

也就是说，连同身心一起，要全部投入工作、热衷于工作，达到与工作"共生死"的程度。如果对工作缺乏如此深沉的挚爱之情，就无法抓住工作的要领。

京瓷公司在创建后不久，曾制作过用于冷却广播机器真空管的"水冷复式水管"。因为过去生产这种水管的企业中技术人员走了，所以订单就发到了京瓷。

但是，京瓷以前只做小型陶瓷产品，这种水管尺寸太大（直径25厘米，长50厘米），用的是老式陶瓷原料，属于陶器，而且要在大管中通小冷却管，结构非常复杂。

京瓷不具备制造这类产品的设备，也没掌握相关的技术。尽管如此，由于客户盛情难却，我无意中就说出了"行，能做"，把任务应承了下来。既然接了任务，就绝不能失信，无论如何必须把产品做出来。

稻盛和夫

自己就是工作，工作就是自己

自己是自己　　**工作是工作**

为了做好工作，就要消除
自己和工作之间的距离

自己就是工作
工作就是自己

　　为了做好这一产品，我们付出了常人难以想象的辛劳。比如，原料虽然使用与一般陶器相同的黏土，但因为尺寸很大，要让产品整体均匀干燥极为困难。开始时，在成型、干燥的过程中，几乎每次都出现干燥不均，因而先行干燥的部分发生裂痕的现象。

　　可能是因为干燥时间过长吧，于是我尝试在缩短时间上下功夫，但结果仍不理想。我用了各种方法反复实验，最后想出一招，就是在尚未完全干燥、还处于柔软状态的产品表面卷上布条，再向布条上吹雾气，让产品慢慢地、一点一点地干燥。

　　但是还有新的问题随之产生。如果产品太大，干燥时间过长的话，产品会因为自身的重量发生变形。为防止变形，我又动了各种各样的脑筋。

　　最后，我决定抱着水管睡觉。

　　我在炉窑附近温度适当的地方躺下，把水管小心翼翼地抱在胸前，整个通宵我都慢慢转动着水管，用

缺乏爱，就做不好工作

抱着"无论如何也要把这个产品培育成人"的深深的爱，作者稻盛和夫把它当作自己的亲生孩子一样，抱着这个产品睡

水冷复式水管——作者抱着睡的产品，用于冷却广播机器。双重螺旋形结构（直径 25 厘米，长 50 厘米）

这种方法干燥，同时防止水管变形。

在旁人看来，这简直是不可思议的。

但当时我想的是"无论如何也要把这个产品培育成人"，我把它当作自己的孩子，倾注全部的爱。正因为如此，我能够通宵达旦紧抱水管。

这种让旁人看来心酸流泪的"认真"，让我顺利地完成了"水冷复式水管"的制造任务。

抱着产品睡，这的确有点不卫生，而且效率不高。在今天这个时代，这种带着泥土气的、低效的做法甚至令人生厌。

虽然干活时自己手上沾泥带油这种方式已不再流行，但若缺乏"抱着自己的产品一起睡"那样的感情，在工作中，就无法从心底品尝到那种成功的欣慰，特别是向新的、艰难的课题发起挑战并战胜它们时。

倾听"产品的哭泣声"

如果你能喜欢上你的工作，喜欢上自己制造的产品，那么当某个问题发生的时候，就一定能找到解决问题的方法。

比如，制造业中，许多时候，产品制成率（合格品相对于投入的全部材料的比率）很难提高。这时候，首先要迈开双腿走进现场，然后，要带着爱意，用谦虚的目光，对产品进行仔细的审视和观察。

如果你真的仔细倾听，你就能听到好似神之声音的"产品的哭泣声"。

就是说，产品的问题或机器的故障就会自觉地呈现在你面前。你会听到从产品或机器里发出的窃窃私语："这样做，你看怎样？"它们会帮你找到解决问题的线索。

这就仿佛医生为了了解患者的病情，要用听诊器倾听患者的心跳一样。高明的医生只要听到心跳声和

倾听"产品的哭泣声"

心搏数有异，立即就能感知患者身体的异常。

> 倾听产品的声音，
> 用心观察产品的细部，
> 就能自然而然地明白问题
> 和差错的原因所在。

与此相同，倾听产品的声音，用心观察产品的细部，就能自然而然地明白问题和差错的原因所在。

京瓷的产品大多是电子领域使用的小型零部件，要寻找产品的问题很不容易。

那时候，就像医生总带着听诊器进诊疗室一样，我去生产现场时总是带着放大镜。我的放大镜由多枚透镜组成，用一枚镜片可以放大5倍，用两枚就可以放大10倍。我经常用这种放大镜对烧制成的产品逐个进行细致认真的检查。只要有一个小小的缺陷，就是不合格的产品。手拿放大镜仔细观察产品，等同于用耳朵倾听产品的"哭泣声"。

如果找到了不合格的产品，就是听到了产品的"哭泣声"，我就会想，"这孩子什么地方疼痛才哭泣呢？它哪里受伤了呢？"

　　当你把一个个产品完全当作自己的孩子，满怀爱意，细心观察时，必然就会获得如何解决问题、如何提高制成率的启示。

　　让我来讲这样一个故事。

　　制造新型陶瓷产品的过程是，首先将原料粉末固定成型，然后放进高温炉内烧结。

　　一般陶瓷的烧制温度在 1200 度左右，而新型陶瓷要在 1600 度的高温中烧结。当温度达到 1600 度时，火焰的颜色不是红色的，在观察它的一瞬间，它会呈现一种刺眼的白光。

　　将成型的产品放进这样的高温炉中烧结时，产品会一点一点地收缩。收缩率高的，尺寸会缩小两成。而这种收缩在各个方向上并不均衡，若误差稍有不等，即成为不合格产品。

　　另外，板状新型陶瓷制品烧结时，最初不是这边翘起来，就是那边弯下去，烧出来的产品就像干鱿鱼一样。对于新型陶瓷为什么会弯曲的问题，已有的研究文献上都没有记载。我们只有自己做出各种假设，然后反复实验。

在这个过程中，我们弄清了一点，那就是原料放进模具加压后，因为上面和下面施压的方式不同，原料粉末的密度也不同。反复实验的结果发现，密度低的下部收缩率大，因而发生翘曲。然而，虽然弄清了翘曲产生的机理，但要做到上下密度均匀却仍然很难。

这时，为了观察产品究竟是怎样翘曲的，我们就在炉子后面开了一个小孔，通过这个小孔观察炉内的状况，观察在什么温度下产品会弯曲、如何弯曲、它还有什么别的变化等。

果然，随着温度升高，产品就翘曲起来了。我们改变条件，多次实验，但无论怎样改善，产品还是像一个会动的生物一样，蜷曲起来。

看着看着，我都快沉不住气了，突然产生一种冲动，就想将手通过观察孔伸进去，从上面将产品压住。

这当然不可能。炉内是1000多度的高温，如果手

精密陶瓷的生产工序

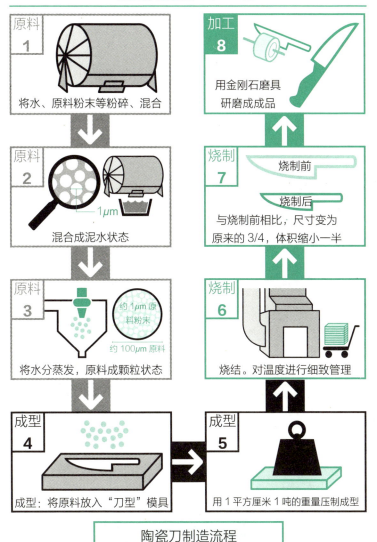

原料 1	将水、原料粉末等粉碎、混合
原料 2	1μm 混合成泥水状态
原料 3	约1μm原料粉末 约100μm原料 将水分蒸发，原料成颗粒状态
成型 4	成型：将原料放入"刀型"模具
成型 5	用1平方厘米1吨的重量压制成型
烧制 6	烧结。对温度进行细致管理
烧制 7	烧制前 烧制后 与烧制前相比，尺寸变为原来的3/4，体积缩小一半
加工 8	用金刚石磨具研磨成成品

陶瓷刀制造流程

伸进去，一瞬间就会烧毁，我当然明白这一点，但无论如何也要解决问题的强烈愿望，让我禁不住就想将手伸进高温炉。

然而，就在想把手伸进炉内将产品压住的瞬间，突然灵感来了："在高温烧结时，只要从上面将产品压住，它不就翘不起来了吗？"

于是，我们就用耐火的重物压在产品上烧制。结果，问题终于圆满解决，平直的产品做出来了。

这个例子说明，向工作倾注的感情，就是最好的老师。

当工作遭遇困境、迷失方向时，它能让你倾听到产品发出的"窃窃私语"，帮你找到解决问题的线索，使你的事业开始新的起飞。

成为"自燃型"的人

物质有"可燃型""不燃型"和"自燃型"三种。

同样，人也可以分为三种：第一种是点火就着的"可燃型"的人，第二种是点火也烧不起来的"不燃型"的人，第三种是自己就能熊熊燃烧的"自燃型"的人。

想要成就某项事业，就必须成为能够自我燃烧的人。

要成为"自燃型"的人，在热爱自己工作的同时，必须持有明确的目标。

像我这样的经营者整天考虑的就是，公司"应该做这个""应该那么干才更好"这样的问题。刚参加工作的年轻人也会在自己心中描绘自己将来的梦想，思考"我想做怎样的人""我想干怎样的事"等问题。

但是年轻人中偶尔也有这样的人，他们相信虚无主义，总是表情冷漠，怎么也热乎不起来。不管周围的人干得如何热火朝天，他们不仅不燃烧，还给别人泼冷水，他们是冷若冰霜的人。

遇上这样的人可不好办。

在企业里，在体育团队里，这种"不燃型"的人哪怕只有一位，整个集体的氛围就会变得沉闷压抑。所以我总是这么想：

这种不燃型的人大可不必留在公司。我希望同事们都是自燃型的人，不用"点火"，他们也会自动燃烧。至少，当燃烧的我接近时，他们是能同我一起燃烧的"可燃型"的人。

所谓"自燃型"的人，就是从来不会"等别人吩咐了才去干""因为有了命令才工作"的人，而是"在别人吩咐之前自发去干"的主动积极的人，他们应该都是热爱工作的人。

要想将自己的能量最大限度地发挥出来，让工作顺利进行，就必须成为热爱工作的"自燃型"的人。

勇于在"旋涡中心"工作

为了顺利推进公司或团队的工作，无论做什么事

人有"不燃型""可燃型""自燃型"三种

想成就事业，必须成为自我燃烧的人

情，都需要有一个精力充沛的、起核心作用的人物。

这样的人将成为全体人的中心，宛如一股上升的气流自平地涌起，将全体人员卷入，带动整个组织一起行动。像这样自己主动领头、带动周围的人把工作有声有色地开展起来的人，我把他们称作"在旋涡中心工作的人"。

无论什么工作，一个人单枪匹马总是很难做好。你一定需要上司、部下以及周围人的协助才能顺利展开。

然而，如果你不是旋涡的中心，只在旋涡四周咕噜咕噜地跟着大家转，就很难体会到工作的真正乐趣。让自己进入旋涡中心，积极地把周围的人裹挟进去，你就能品尝到工作成功之后醍醐灌顶、如露入心的欣喜之情。

那么，怎样才能卷起旋涡呢？

一个组织里总有这样的人：没有谁来要求他做，他却自己主动提议要干这干那。面对这样的人，周围

自己成为卷起漩涡的人

卷起旋涡，把周围的人裹挟进来，
才能品尝工作的妙味

的人会说："那就谁提议谁干好了。"

不是只有老一辈的人才会这样，年轻人中也有这样的人，他们会召集前辈、师兄们前来，然后向他们提出自己的建议。

比如，面前有一个课题：这个月的销售额要提高。

这时，一个刚参加工作不久的年轻员工提出："师兄，董事长讲了要提高销售额，今天下班后，大家集中讨论一下怎么来提高，好不好？"

如果能开口说出这样的话，那么此人就是"在旋涡中心工作的人"，他就有希望成为团队的领导者。

敢于说这样话的人，不是为了装样子给别人看，而是真的热爱工作，有强烈的"问题意识"。只有这样的人，才有这种魄力。

热爱工作，就不会单纯按照上司的指示办，就会有自己"制造旋涡"的、自主努力的冲动。

这其实就是上一小节讲的"自燃型"的人，这种人工作上可以取得卓越的成果，人生也会更丰富多彩。

体 悟

无论遇到什么事情都要感谢

我们必须用理性把这句话灌输进自己的头脑中。即使感谢的情绪冒不出来，也要说服自己。也就是说，随时都准备说一声"谢谢"，持有这种心态非常重要。

我常在内心告诫自己，只要实践这一条，就能提升自己的心志，走出幸运的第一步。

第三章

以"高目标"为动力：

持续付出不亚于任何人的努力

:: 人本来就具备使梦想成真的巨大的潜力。

:: 这种每天努力的积累，使我们京瓷公司达到了创业时谁
   也不曾想到的极高境界。高目标就是促使个人和组织进
   步的最大动力。

:: 不去想，不认真思考，就什么都实现不了。

每天每日，在拼命思索的过程中，愿望就会渗透到"潜意识"中。这样一来，即使不特别留意，在意想不到的场合，"潜意识"也会发动，给你启示。而且这种启示往往触及事物的核心，使问题一下子得到解决。

要实现高目标，前提就是持续地怀抱能渗透到"潜意识"的强烈的愿望。

不断树立"高目标"

京瓷当时租用位于京都市郊、中京区西京原町的一家配电盘厂仓库，开始了创业，员工只有 28 名。

当时，只要一有机会，我就会向员工们说："我们要成为西京原町第一的企业！达到西京原町第一以后，就要瞄准中京区第一；达到中京区第一以后，就要争取京都第一；达到京都第一以后，就要争取日本第一；再然后，当然就是要达到世界第一。"但是实际上，不要说"世界第一"了，即使是要达到"西京原町第一"也

稻盛和夫

绝不是什么简单的事。

西京原町虽然并不是一个很大的街区，但当时已经有了非常出色的企业。

从西京原町火车站到京瓷所在地的沿路上，有一家京都机械工具公司，生产修理汽车时用的扳手、扳钳等工具。当时汽车产业正在蓬勃发展，因此，这个工厂从早到晚都机器轰鸣，生机勃勃。

当时我带着刚刚创业的锐气，怀着稍有懈怠就可能垮台的危机感，带领京瓷夜以继日地拼命工作。但每当深夜我工作结束、路过这家公司时，都看见那里依然灯火通明，很多人都还在工作。

一个比京瓷不知大多少倍的企业还这么努力，我们要成为"西京原町第一"，谈何容易！

然而，我仍然会不停地和员工们讲"要成为西京原町第一"的目标，而且，"西京原町第一以后，就要成为中京区第一"——我坚持向所有京瓷人描绘更大的梦想。

中京区当时已经有了京都有代表性的企业——岛津制作所。这家企业近年还出了诺贝尔奖的获得者，非常有名。要成为"中京区第一"，就必须超越岛津制作所。

当然，说这些都没有确凿的把握，而就当时京瓷的规模和实力来说，设立这样的目标简直是自不量力。

然而，纵使是自不量力的梦想，是看似高不可攀的目标，还是要在心中牢牢立下这个目标，并坚持不懈地在同仁面前展示这个目标。这一点非常重要。

> 纵使是自不量力的梦想，是看似高不可攀的目标，还是要在心中牢牢立下这个目标，并坚持不懈地在同仁面前展示这个目标。

为什么？

因为人本来就具备使梦想成真的巨大潜力。

"要成为日本第一的企业！"在不断坚持这个想法的过程中，不知从何时起，你就会觉得这是理所当然的事。员工们也一样，会在不知不觉中和你一起共有这个似乎"荒谬的"目标，并为此每天都付出无尽的努力。

不断树立高目标

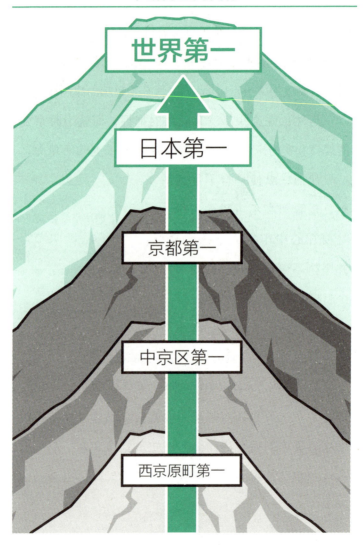

世界第一

日本第一

京都第一

中京区第一

西京原町第一

这种每天努力的积累，使我们京瓷公司达到了创业时谁也不曾想到的极高境界。高目标就是促使个人和组织进步的最大动力。

首先"必须得想"

我年轻时，听过松下幸之助先生的一次演讲，那次讲话让我印象很深。

那是有关"水库式经营"的一次讲话。

京瓷创业之初，在经营方面我是外行，很希望学到成功经营者的经营秘诀。正在这时候，我得到了一份关于松下幸之助先生演讲的通知。被人们称为"经营之神"的这位先生，究竟用什么思想来经营企业呢？我很想知道。提出申请后，我满怀期待，来到了演讲会场。

当天因为工作关系我迟到了，只能站在会场最后一排，站着听讲。

经济景气的时候，不要以为经济会一直这样好下去，要考虑到经济不景气的时候你该怎么办。在财务上有余裕的时候就要注意储备，就像水库蓄水一样。经营企业，随时要为经济不景气时做好储备。

这是幸之助先生讲演的主题。

大量降雨时，如果雨水全部流入河里，河水泛滥引发洪水，就会招致大灾。如果将河水存进水库，根据情况放流，那么就不仅能控制洪水泛滥，干旱时还可以防止河水断流。这样，雨水就得到了有效利用。所谓"水库式经营"，就是将治水的方法应用于经营。

幸之助先生演讲结束后，开始回答听众们的问题。

后面有人举手提问：先生所讲，就是经营必须有余裕，我理解了。但是这层意思，松下先生即使不讲，我们中小企业经营者也都明白。正因为我们做不到这一点，才感到苦恼。怎样才能让经营有余裕？如果不教我们具体的方法，我们很难办。

提问中夹着那么一丝抗议的味道。

这时，幸之助先生露出相当困惑的表情，他沉默片刻，仿佛是自言自语："不，你不想可不行啊。"

言罢再次沉默。大家以为答非所问，听众中一阵失笑。

但是，在那一瞬间，我却像受到电击一样，一阵震撼。

"不，你不想可不行啊。"幸之助先生这一句话中包含了万种思量，深深地打动了我的心。

"不，你不想可不行啊。"幸之助先生这一句话想传递的意思是：你说你也想让自己的经营有余裕，但是怎样做才能使经营有余裕，方法千差万别。你的企业一定有适合你企业的做法，我无法教你。但是经营绝对要有余裕，你必须自己认真去想，认真去思考，这种思考是一切的开始。

"能做到经营有余裕当然最好，但你不教我方法我怎么做到这一点"，如果你仅仅停留在这种程度的思考，那么高目标是绝对不可能实现的。

什么叫作"经营必须有余裕"

即使经济不景气，但有储存就能够承受

经营要有余裕，你真的是这样想的吗？如果你真的这么想，有这样强烈的愿望，你就会千方百计去寻找具体的方法，"水库"就一定能建成。这就是幸之助先生想说的话。

不去想，不认真思考，就什么都实现不了。

无论对工作，还是对人生而言，这都是铁则。

把愿望渗透到"潜意识"

愿望必定能实现。

就是说，"无论如何一定要这样做！"人只要有了这种坚强的意愿，愿望就会变成行动，人就会很自然地朝着实现愿望的方向前进。

但是，这必须是强烈的愿望，而不是随便想想。"不管怎样，无论怎样，一定要这样！""一定非如此不可！"必须是这种由强烈的意念支撑的愿望或理想。

废寝忘食，朝思暮想，念念不忘，反复思考，如

果你真的做到了整日里只想这一件事，这样的愿望就会渐渐渗透到"潜意识"中。

所谓"潜意识"是不自觉的、潜藏于人内心深处的意识。平时它不出头，但在无意识中或在某一特殊时刻它会闪现，并发挥不可估量的作用。

另一方面，日常发挥作用的意识叫"显意识"。

在人的意识中，"潜意识"的领域之广要大大超过"显意识"。经常反复的体验以及强烈的刺激都会进入"潜意识"。据说如果用好"潜意识"，就有可能在瞬间做出正确的判断。

这种"潜意识"就是在睡觉时也会起作用的意识，它能将我们的行动引向实现目标的方向。

我举一个驾驶汽车的例子，你或许就会更容易明白"潜意识"所包含的不可思议的力量。刚开始学习驾车时，我们手握方向盘，脚踏油门或刹车，做每个动作前都要思考，这就是用"显意识"在开车。到后来习惯了，熟练了，就不必一一考虑操作顺序，这时在无意识中也能驾驶了。有时还会一边思考工作上的问题，一边驾车。突然一惊，但随后仍能正常驾驶而不发生事故。

因为驾驶技术渗透到了"潜意识"，所以即便不使用"显意识"，身体手足也能运作自如。

在工作中也应该有效使用"潜意识"。比如，"这个工作我想这么做"，当这种意念强烈时，突然就会有灵感闪现。这就来自"潜意识"。

每天，在拼命思索的过程中，愿望就会渗透到"潜意识"中。这样一来，即使不特别留意，在意想不到的场合，"潜意识"也会发动，给你启示。而且这种启示往往触及事物的核心，使问题一下子得到解决。

在这种情况下，有时只能用"神的启示"才能解释得通。

我常有这样的经验。

比如，京瓷想要挑战新事业。说是要挑战，但我们却缺乏在这种新领域的专业技术。虽然有一种自信，

潜意识持有不可思议的力量

潜意识

- 不自觉地沉潜于人内心深处的意识

- 一旦闪现，就会发挥不可估量的作用

- 与显意识比，潜意识的容量大得多

- 过去的反复的体验，以及强烈的刺激能够进入潜意识

- 活用潜意识，可以在瞬间对事情做出正确的判断

认为只要把京瓷的技术运用到这个新领域中去，就能打开新的局面，但事实上，我们现有的人才和技术与别人的差距都很大，我曾为此烦恼不已。

这时候，我碰上了意料之外的机遇。

在一次聚会上，我请朋友推荐人才。结果这个朋友恰好认识这一领域的一名优秀专家，于是双方一拍即合，我马上请这位专家加入公司。京瓷的新事业得以顺利展开。

这样的事看起来似乎是偶然的。但实际上，是因为我不停地思考，这个念头已经进入了我的"潜意识"，所以实现它是必然的。如果我不曾抱如此强烈的愿望，那么，即使理想的人才在我眼前走过，我也会错过这次机会。

要实现高目标，前提就是持续地怀抱能渗透到"潜意识"的强烈愿望。

活用潜意识

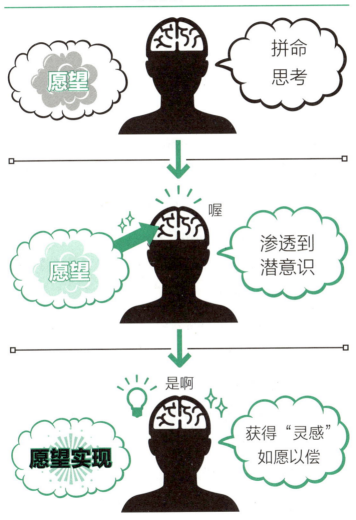

当你竭尽全力时，神灵将会现身

若想登山，那么只有从平地起，用自己的双脚一步一步向上攀登直至山顶，除此之外，别无他法。就是这一步接一步不停地积累，最终可以征服海拔高达8000多米的喜马拉雅山。

看一看古今中外伟人们走过的足迹吧，当中记录了他们惊人的努力。他们终其一生，一步一个脚印不断地积累，仁慈的"主"、万能的"神"只会给这样的人带来成功的硕果。

与此相反，有人却认为："坚持如此单调乏味的努力，简直就像傻瓜。在短暂的人生中，这么一味苦干的话，一定会落败于人；而寻找轻松巧妙的捷径快速取胜，才是明智的选择。"因此，他们讨厌脚踏实地的努力。这样的人是无法取得事业成功的。

我想起这么一件事。

京瓷创建不到10年，全球最大的电脑公司IBM

给京瓷下了一批精密陶瓷产品的订单。但对产品的性能要求之高超乎常规，也远远超出了京瓷当时的技术水准。我们千方百计，历尽艰难，总算做出了样品，但交到客户那里时，却全被盖上了"不良品"的印章。

要知道，我们已将当时京瓷拥有的技术和力量通通投入，经过恶战苦斗，才做出了这些产品，然而却全被判定为次品，20万个产品悉数退回，当时的损失甚为惨重。

"努力已经达到极限了，实在无计可施了。"公司内弥漫着无可奈何的气氛。那天夜里，我到生产现场，见到茫然若失、呆呆地站在炉前的一位年轻技术员。

我走近他，见他双肩发抖、流泪抽泣。已经想尽了一切办法，却无论如何也做不出理想的产品，这令他痛苦万分，意志消沉。

"今天你先回家吧！"我对他说。他却站在炉前一动也不动。

看他那神情，我突然脱口而出："你向神祈祷了吗?"听我说这话,他吃了一惊。但是,当我把这句话连续嘟囔了几遍后,他终于说:"我明白了。让我从头开始,再次努力试一试吧!"他的情绪一下子变得轻松起来。他向我微微点了点头,又投入了工作。

此后,包括这位技术员在内的开发小组,一次又一次克服了各种各样的技术难关,最终做出了满足客户苛刻要求的、完美无缺的、高水平的产品,而且是2000万个——如此巨大数目的成品全部按客户规定的时间顺利交货。

"你向神祈祷了吗?"这不像一个工程师讲的话。

如果有外人听到这样的话,或许会以为我们是走火入魔的"狂人"。然而,在我看来,在"尽人事"之后,只有向神祈祷、让神灵保佑我们这一条路了。

问题是:真的已经"尽人事",已经竭尽全力了吗?你自己身体里的力量真的用尽了吗?你真的已经将自己的魂魄注入产品中,并且坚持不懈地付出不亚于任何人的努力了吗?

这就是我要表达的意思。

只有抱着这样强烈的愿望，使出浑身的力量，这个时候"神"才会愿意现身，才会向你伸出援手。

向困难的工作挑战，或者想要实现很高的目标，那么全身心投入工作是必需的，只有此时，懒得动弹的"神"才会出手相助。

始终"以百米赛的速度奔跑"

"付出不亚于任何人的努力"是我的口头禅。

努力的重要性人尽皆知。如果我问："你努力了吗？"几乎所有的人都会回答："是的，我尽了自己最大的努力。"但是，仅仅付出同普通人一样的努力，是很难取得成功的。不管这样的努力持续多久，这不过是做了理所当然的事情。只有付出非同寻常的"不亚于任何人的努力"，才有可能在激烈的竞争中取得骄人的成绩。这个"不亚于任何人的努力"极为重要。

希望在工作中成就某种目标，就必须持续地付出这种无限度的努力。不肯付出加倍于人的努力，而想取得很大的成功，并维持之，那是绝对不可能的。

在京瓷创业的初期，每天晚上何时回家、几点睡觉，我当时根本没有概念。

我就是这样夜以继日、全身心地埋头工作。

所谓"不亚于任何人的努力"，不是说"到这种程度就行了"，而是没有终点、永无止境的努力。将目标一次接一次向前推进，就要进行持续的、无限度的努力。

然而，在持续这种努力的过程中，员工们难免会有不安和不满的声音："如此无限度的、不要命的努力，人的身体能承受得了吗？要不了多久，大家都会倒下的。"再看看员工们的脸色，确实个个倦容满面。

我考虑再三，但最终还是硬起心肠，说了下面一

所谓"不亚于任何人的努力"，不是说"到这种程度就行了"，而是没有终点、永无止境的努力。

段话：

企业经营，就好比连续奔跑 42.195 公里的马拉松比赛。我们就是至今未经训练的业余团队，而且在这样的长距离赛跑中，我们起跑已经比别人晚了一步。在这种情况下，如果我们还想参加比赛，那么，我想我们只有用百米赛的速度奔跑才行。有人认为这样硬拼，身体肯定吃不消。但是，我们起跑已迟，又没有比赛的经验，若想取胜，非这么做不可。如果做不到这一点，我们一开始就不应该参加这场比赛。

我就这样说服了我的员工。

没有资金，没有技术，没有设备，几乎一无所有，又是最后一个加入新型陶瓷行业的企业。考虑到京瓷面临的现实，我们没有从容不迫、慢条斯理进行选择的余地。为了生存，除了拼命努力之外别无他法。虽然这是一种不得已的、严酷的决断，而且我的理由简直不近人情，但幸得员工们全都理解我，跟随我共同奋斗。

京瓷自创业后的业绩变化（连结结算）

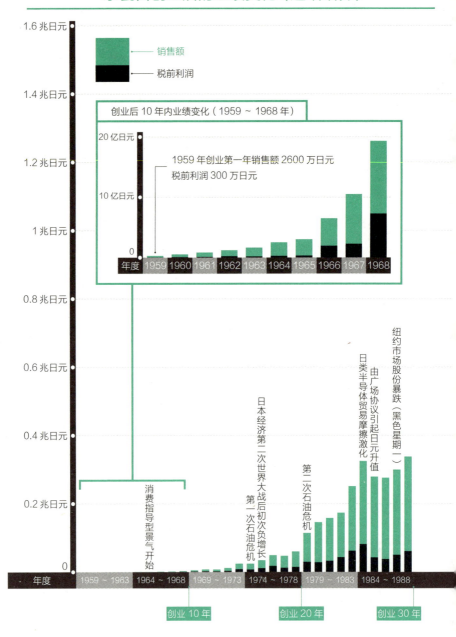

- 销售额
- 税前利润

创业后 10 年内业绩变化（1959 ～ 1968 年）

20 亿日元

1959 年创业第一年销售额 2600 万日元
税前利润 300 万日元

10 亿日元

0

| 年度 | 1959 | 1960 | 1961 | 1962 | 1963 | 1964 | 1965 | 1966 | 1967 | 1968 |

纽约市场股份暴跌（黑色星期一）

日美半导体贸易摩擦激化

由广场协议引起日元升值

第二次石油危机

日本经济第二次世界大战后初次负增长
第一次石油危机

消费指导型景气"开始

| 年度 | 1959 ～ 1963 | 1964 ～ 1968 | 1969 ～ 1973 | 1974 ～ 1978 | 1979 ～ 1983 | 1984 ～ 1988 |

创业 10 年　　　创业 20 年　　　创业 30 年

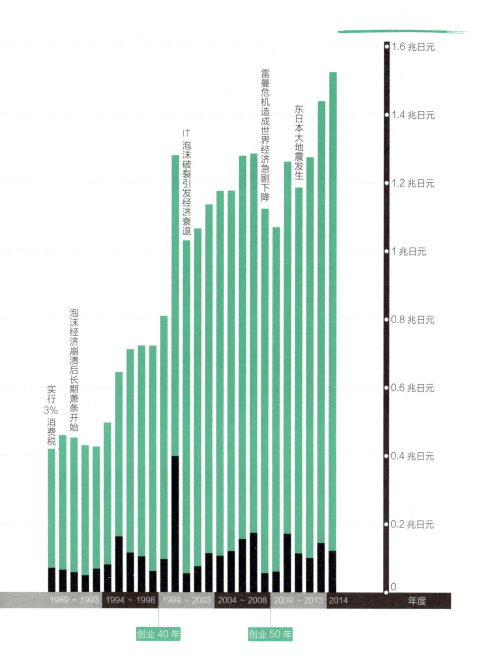

実行3%消費税

泡沫経済崩溃后长期萧条开始

IT泡沫破裂引发经济衰退

雷曼危机造成世界经济急剧下降

东日本大地震发生

1.6 兆日元

1.4 兆日元

1.2 兆日元

1 兆日元

0.8 兆日元

0.6 兆日元

0.4 兆日元

0.2 兆日元

0

1989 ~ 1993   1994 ~ 1998   1999 ~ 2003   2004 ~ 2008   2009 ~ 2013   2014   年度

创业 40 年   创业 50 年

　　这样的努力终于开花结果了。创业不到 10 年，京瓷就迎来了股票上市这一关键发展点。

　　此时，我对员工们说：用百米赛的速度跑马拉松，大家都担心中途会有人落伍。但是，一旦跑起来以后，全力奔跑就成了我们的习惯。用最快的速度奔跑，我们居然真的坚持到了今天。

　　而且在比赛过程中，我们看到，那些先行起跑的团队速度并不太快。现在最领先的团队已进入我们的视野，说明我们已经离第一越来越近了，让我们继续加速，全力疾驰，超越他们！

　　这种以短跑的速度进行长跑比赛的无限度的努力，就叫作"不亚于任何人的努力"。

　　平平常常的努力，不管是企业还是个人，都不可能获得理想的成果，只有付出"不亚于任何人的努力"才是人生和事业成功的最强动力。

什么叫不亚于任何人的努力

用百米赛的速度跑马拉松

付出"不亚于任何人的努力"乃是自然的机理

我们一般都认为付出"不亚于任何人的努力"是一件特别的事,是一个沉重的话题,因为好像竭尽全力地工作是在苛待我们自己。其实绝非如此。

观察一下自然界吧。无论什么动物、植物都在拼命努力求生存,而只有我们人类才会贪图安乐,抱有这种邪念。

初春时分,我在家的周围散步。

城墙的石缝中有嫩草长出。"在这样的地方居然还有植物生长!"我一边想,一边仔细观察。

在石头与石头之间,仅有一点儿泥土,然而就在那儿,草儿拼命吸收阳光雨露,发出嫩芽。此后,短短的春季只持续几周,草儿们接受阳光的恩泽,长叶、开花、结果。如果不如此,当夏天到来时,石墙在灼热的太阳照射下就会迅速升温,草儿就会枯死。所以赶在盛夏到来之前,草儿就要拼命生长,留下子孙,然后枯死。

在柏油马路的缝隙中长出的无名小草，它们的命运也一样。

在水分极端缺乏的、炎热如地狱般的环境中，各种草儿拼命挣扎求生。各种各样的草儿为了比其他草类更多地接受阳光，以便长得更大些，就拼命扩展草叶、伸展草茎，为生存互相竞争。

为了自身的生存必须拼命努力，自然界的机理本来就如此。懒惰、不努力的植物绝不存在，不努力的草类无法生存。

动物也一样，不拼命求生必将灭绝，此乃自然的铁则。

然而，只有我们人类，说到"不亚于任何人的努力"，说到"必须拼命工作"，好像就很特别，很难接受。然而，想要成功就必须拼命工作，想要生存就必须付出"不亚于任何人的努力"。

此乃自然之机理。

拼命努力求生存乃是自然的规律

在严格的环境中要付出不亚于任何人的
努力拼命工作，这是自然的机理

稻盛和夫人生年表（到京瓷创业为止）
——怎样让命运转机

阳历（年龄）	稻盛和夫经历的考验	稻盛和夫让命运好转的行动
1932 年（0 岁）	出生于鹿儿岛市	
	一步不离开母亲，是哭虫，一旦哭起来就没完没了	
（小学时代）1938 年（6 岁）	进入鹿儿岛市西田小学。开始时成绩优秀，但因为不用功学习，不久成绩就下降了。另一方面，他开始发挥"孩子王"的才能	
1944 年（12 岁）	• 鹿儿岛一中升学考试失败	
（中学时代）1945 年（13 岁）	• 患上当时的不治之症肺结核	在病床上阅读了谷口雅春所著的《生命的实相》一书，明白了自己周围的现实是自己心灵中所持有的想法所造就的（境由心造）
	班主任土井老师告诉稻盛父母"和夫这孩子有潜质"，规劝他们同意他再次挑战鹿儿岛一中	
	• 鹿儿岛一中第二次落第	因为第二次没考上鹿儿岛一中，心情沮丧。但土井老师鼓励说，"是男子汉就别泄气，天无绝人之路。"他决定报考私立鹿儿岛初中
	进入私立鹿儿岛初中	
	• 因空袭家屋被毁	家庭财产损失了，但父母努力凑出学费，让稻盛继续上学

（续）

阳历（年龄）	稻盛和夫经历的考验	稻盛和夫让命运好转的行动
（中学时代） 1945 年（13 岁）	初中阶段担任历史、修身（道德）课程的藤老师教给学生重要的道理：不可有卑怯的举止，思维要直截了当	
高中时代 1948 年（16 岁）	• 进入鹿儿岛市高级中学第三部学习。母亲批评说："家里这么穷，节衣缩食让你上高中，你却热衷于棒球。"	背着父母糊的纸袋去卖，补贴家用。在销售方法上动了脑筋，获得了大量订单
1950 年（18 岁）	学制改革。鹿儿岛市高级中学改称为玉龙高中	
	• 看到好友复习迎考大学的情景，羡慕有条件上大学的同学	从朋友处借来升学杂志《萤学时代》，看入了迷。开始复习迎考。因为包括自己在内，多位亲属患了肺结核，所以想积极报考医药专业
	• 父母反对稻盛上大学	哥哥则利和高中班主任辛岛政雄老师说服了稻盛父母，让他去考大学。志愿报考大阪大学医学系
（大学时代） 1951 年（19 岁）	• 参加高考，第一志愿大阪大学医学系没考上。考上了第二志愿鹿儿岛大学工学系 • 因为家庭经济困难，只有一件夹克衫，穿着木屐上学。也没钱买参考书	每天去图书馆从早到晚勤奋学习。还参加学校的空手道组，锻炼体格，也做过钟点工

（续）

阳历（年龄）	稻盛和夫经历的考验	稻盛和夫让命运好转的行动
1954 年（22 岁）	• 因为经济不景气，大学毕业后找不到工作，希望进入与石油有关的大企业，但求职无门。后由大学的竹下寿雄介绍，内定进入一家中型企业"松风工业"	根据内定企业的需要，以陶瓷为题写作毕业论文，半年完成
	与内野正夫老师相识，获得他的肯定——"你能够成为优秀的工程师"	
（社会人）1955 年（23 岁）	• 进入松风工业，得知这个公司工资拖延，可能破产，但跳槽去自卫队不成功	下定决心，废寝忘食，投入到新材料开发中去
1956 年（24 岁）	1956 年，稻盛和夫成为日本第一位成功合成"镁橄榄石"的人，当时全球范围内合成"镁橄榄石"的公司只有美国的通用电气（GE）一家。之后公司以稻盛合成的"镁橄榄石"作为材料，开发出大量"U 字形绝缘体"。同一时期，稻盛所率领的研发团队独立出来，成立了特磁课	
	亲自去职业介绍所招聘助手，与助手志同道合	
	• U 字形绝缘体批量生产时，发生了工会组织的罢工	考虑到不给客户造成困惑，考虑到公司的未来，坚决抵制罢工，继续生产 U 字形绝缘体

（续）

阳历（年龄）	稻盛和夫经历的考验	稻盛和夫让命运好转的行动
1958 年（26 岁）	• 与新任技术部长在技术开发的方针上产生分歧，决定辞职	与 7 名同事一起辞职，准备创建新公司
	与原来的上司青山政次一起，请求青山的友人西枝一江等人出资。经青山说服，友人同意出资	
	从松风工业辞职，结婚	
1959 年（27 岁）	京瓷创业	

让人生时来运转

华章书院成立于2005年，专注于科技·商业·人文三大领域

通过举办高端论坛、新书分享会、读书沙龙等线上、线下活动为企业及个人成长提供阅读解决方案。秉着以书会友，聚友兴业的宗旨，十余年来服务了数十万商界人士、创业者、高科技人员以及近千家企业。

华章书院拥有强大的嘉宾资源以及会员平台，嘉宾汇集了柳传志、陈春花、时寒冰、李开复、杨澜、稻盛和夫、拉姆·查兰、吉姆·罗杰斯、菲利普·科特勒、艾·里斯、杰克·特劳特、安东尼·波顿、威廉·罗兹、雷·库兹韦尔等行业内领军人物。

我们的合作伙伴在其领域内也堪称翘楚，有Intel、IBM、微软、阿里巴巴、腾讯、百度、华为、滴滴、德鲁克管理学院、盛和塾、正和岛等。

华章书院每年举办近百场线下活动，经过多年沉淀，在业界享有盛誉。书院会员遍布全国，聚焦了一大批企业家、创业者、管理者以及喜爱读书学习的进取人士。华章书院还拥有海量社群资源，商业学习线上分享平台华章微课堂自创建以来，开启了海内外知名大咖与用户零距离沟通的一扇窗，让您随时随地都能聆听大师的智慧与新知，一度成为行业的学习标杆。

现在就加入华章书院，让您在变化的时代中始终领先一步！

关注华章书院公众号，了解最新活动详情！

稻盛和夫系列丛书

稻盛和夫管理经典（2014年–2016年出版）

ISBN	书名	定价
978-7-111-49824-7	《干法》	39.00
978-7-111-54638-2	《敬天爱人》	39.00
978-7-111-54296-4	《匠人匠心》	39.00
978-7-111-47025-0	《领导者的资质》	49.00
978-7-111-51021-5	《拯救人类的哲学》	39.00
978-7-111-48914-6	《调动员工积极性的七个关键》	45.00
978-7-111-49146-0	《稻盛和夫语录100条》	39.00

稻盛和夫谈经营系列丛书（2017年7月出版）

ISBN	书名	定价
978-7-111-57212-1	《稻盛和夫谈经营：创造高收益与商业拓展》	45.00
978-7-111-57213-8	《稻盛和夫谈经营：人才培养与企业传承》	45.00

稻盛和夫经营实录（2017年7月出版）

ISBN	书名	定价
978-7-111-57079-0	《赌在技术开发上》	59.00
978-7-111-57016-5	《利他的经营哲学》	49.00
978-7-111-57081-3	《企业成长战略》	49.00

德鲁克管理经典

编号	书号	书名	定价
德鲁克管理经典			
1	978-7-111-28077-4	工业人的未来(珍藏版)	￥36.00
2	978-7-111-28075-0	公司的概念(珍藏版)	￥39.00
3	978-7-111-28078-1	新社会(珍藏版)	￥49.00
4	978-7-111-28074-3	管理的实践(珍藏版)	￥49.00
5	978-7-111-28073-6	管理的实践(中英文双语典藏版、珍藏版)	￥86.00
6	978-7-111-28072-9	成果管理(珍藏版)	￥46.00
7	978-7-111-28071-2	卓有成效的管理者(珍藏版)	￥30.00
8	978-7-111-28070-5	卓有成效的管理者(中英文双语 珍藏版)	￥40.00
9	978-7-111-28069-9	管理:使命.责任.实务(使命篇)(珍藏版)	￥60.00
10	978-7-111-28067-5	管理:使命.责任.实务(实务篇)(珍藏版)	￥46.00
11	978-7-111-28068-2	管理:使命.责任.实务(责任篇)(珍藏版)	￥39.00
12	978-7-111-28079-8	旁观者:管理大师德鲁克回忆录(珍藏版)	￥39.00
13	978-7-111-28066-8	动荡时代的管理(珍藏版)	￥36.00
14	978-7-111-28065-1	创新与企业家精神(珍藏版)	￥49.00
15	978-7-111-28064-4	管理前沿(珍藏版)	￥42.00
16	978-7-111-28063-7	非营利组织的管理(珍藏版)	￥36.00
17	978-7-111-28062-0	管理未来(珍藏版)	￥42.00
18	978-7-111-28061-3	巨变时代的管理(珍藏版)	￥42.00
19	978-7-111-28060-6	21世纪的管理挑战(珍藏版)	￥30.00
20	978-7-111-28059-0	21世纪的管理挑战(中英文双语典藏版、珍藏版)	￥42.00
21	978-7-111-28058-3	德鲁克管理思想精要(珍藏版)	￥46.00
22	978-7-111-28057-6	下一个社会的管理(珍藏版)	￥36.00
23	978-7-111-28080-4	功能社会:德鲁克自选集(珍藏版)	￥40.00
24	978-7-111-28517-5	管理(下册)(原书修订版)	￥49.00
25	978-7-111-28515-1	管理(上册)(原书修订版)	￥39.00
26	978-7-111-28359-1	德鲁克经典管理案例解析(原书最新修订版)	￥36.00
27	978-7-111-37733-7	卓有成效管理者的实践	￥36.00
28	978-7-111-44339-1	行善的诱惑	￥29.00
29	978-7-111-45029-0	德鲁克看中国与日本	￥39.00
30	978-7-111-46700-7	最后的完美世界	￥39.00
31	978-7-111-47543-9	管理新现实	￥39.00
32	978-7-111-48566-7	人与绩效:德鲁克管理精华	￥59.00
33	978-7-111-52122-8	养老金革命	￥39.00
34	978-7-111-54922-2	卓有成效的领导者:德鲁克52周教练指南	￥49.00
35	978-7-111-54065-6	已经发生的未来	￥39.00
36	978-7-111-56348-8	德鲁克论管理	￥39.00
德鲁克论管理			
1	978-7-111-28076-7	大师的轨迹:探索德鲁克的世界	￥29.00
2	978-7-111-23177-6	德鲁克的最后忠告	￥36.00
3	978-7-111-27690-6	走近德鲁克	￥32.00
4	978-7-111-28468-0	德鲁克实践在中国	￥38.00
5	978-7-111-28462-8	德鲁克管理思想解读	￥49.00
6	978-7-111-28469-7	百年德鲁克	￥38.00
7	978-7-111-30025-0	德鲁克教你经营完美人生	￥26.00
8	978-7-111-35091-0	德鲁克论领导力:现代管理学之父的新教诲	￥39.00
9	978-7-111-45189-1	卓有成效的个人管理	￥29.00
10	978-7-111-45191-4	卓有成效的组织管理	￥29.00
11	978-7-111-45188-4	卓有成效的变革管理	￥29.00
12	978-7-111-45190-7	卓有成效的社会管理	￥29.00
13	978-7-111-44748-1	德鲁克的十七堂管理课	￥49.00
14	978-7-111-47266-7	德鲁克思想的管理实践	￥49.00
15	978-7-111-52138-9	英雄领导力:以正直和荣耀进行领导	￥45.00

HZ BOOKS
华章经管

华章经管的LOGO，诞生于1998年。寓意一本打开的书，一扇开启的门。采用蓝色调，寓意通向知识的海洋。白色的镂空部分，远远望去，是一个阿拉伯数字1，配以渐变的横条，是希望读者沿着知识的阶梯，永攀高峰。

华章书院是华章公司旗下的读书会品牌，依托华章公司强大的作译者平台以及会员平台，每年都会举办10~15期读书会。读书会阅读的图书，主要集中在商业领域，比如：经济、管理、财务、金融、投资、营销等方向。同时邀请来自国内外商业领域的顶尖人物做客华章书院，如：约瑟夫·斯蒂格利茨、菲利普·科特勒、艾·里斯、杰克·特劳特、吉姆·罗杰斯、柳传志、陈春花、张瑞敏等等。

关注华章经管独家合作微信平台"管理的常识"、"经济的常识"可获得免费参与华章书院活动的资格。

让知识触手可及，让工作与学习更高效

用经济解释我们的生活